家庭教育
指导手册

社区亲子活动篇

袁 雯 主编

韩 雯 副主编

上海教育出版社
SHANGHAI EDUCATIONAL
PUBLISHING HOUSE

前言

家庭是孩子成长的起点，是孩子踏入社会的桥梁。教育不仅是通过学校教育本身，更需要家庭、社区等社会多元主体的参与，创设人人、时时、处处可参与的"教育场"。《中国学生发展核心素养》提出，以培养全面发展的人为核心，包含文化基础、自主发展、社会参与三个方面。学生发展核心素养指学生应具备的，能够适应终身发展和社会发展需要的必备品格和关键能力，是关于学生知识、技能、情感、态度、价值观等多方面要求的综合表现。其中，社会参与是提升学生发展核心素养的关键要素，家庭作为孩子从自然人走向社会人的首要路径，承担着社会教化的责任。家庭教育是孩子认识奇妙世界、体验生命历程的初始环境与重要方式，家庭教育活动的开展可以实现家长与孩子的共同成长，促进人与社会的充分互动与联结，对于家长和孩子双方的社会性发展具有重要意义与价值。

为此，我们设计了集生活化、实用性、互动性于一体的《家庭教育指导手册（社区亲子活动篇）》(以下简称《社区亲子活动篇》)，供广大家长朋友与社区教育工作者参考。《社区亲子活动篇》以社会工作作为专业支撑展开编撰。我们遵循"助人自助""人在情境中"等专业价值理念，关注人生全领域、生命全过程，从全人关怀的视角出发，将家庭中的个体不仅仅看作是家庭成员，还看作是社区当中的人，社会当中的人。对家庭成员而言，每个个体有其多元需求与独特价值观念。我们结合马斯洛需求层次理论、埃里克森人生八阶段理论、家庭生命周期理论等相关理论，了解孩子处于不同成长阶段的特点和发展需求，关注家庭成员在不同阶段的任务与角色，助力其意识到自身角色及其重要性，塑造健全人格，营造滋养型家庭环境。对家庭结构而言，家庭系统对于塑造与改善孩子成长起着关键作用。我们关注核心家庭、主干家庭、二胎家庭、隔代家庭等多元家庭结构，围绕"人在情境中"，关注家庭在社会环境中的发展，尊重孩子、家长、社区教育工作者等多元主体地位与价值，引导其挖掘自身优势与身边资源，为家庭功能的发挥提供必要的活动内容，相信其自身有改变的可能性。基于此，我们希望亲子家庭在《社区亲子活动篇》的阅读过程中，能够在亲子互动、社区参与、城市融入等层面形成良性循环互动圈；我们也希望社区教育工作者在《社区亲子活动篇》的阅读过程中，能够在社区课程设计、活动策划等各项工作中，拥有创新型的家庭教育设计思维。

《社区亲子活动篇》是亲子家庭可共读、可操作、可互动的实用性手册，是社区教育工作者可参考、可借鉴、可应用的实务性手册。本书涵盖温馨生活篇、家庭节日篇、社区实践篇、人文行走篇四大篇章，通过案例描述、案例分析、指导建议三大模块呈现，具体包括如下内容：温馨生活篇与家庭节日篇呈现家庭亲子活动案例，亲子活动的开展为亲子家庭创造更多沟通交流、情感升华的机会与可能性，在促进孩子人格健全成长的同时，也为家长朋友缓解与孩子的紧张关系、放松自我提供良好方式；社区实践篇呈现身边有效、可选的家庭教育和家庭建设资源，社区教育作为连接家庭与学校的桥梁与纽带，也是一座"没有围墙的学校"，为亲子家庭提供较多的活动资源，扩展亲子家庭的活动空间，让亲子家庭对于身边的社区有更多的了解与感知；人文行走篇提供在家庭教育和家庭建设中可借鉴、可挖掘的宝藏路线，亲子家庭在行走中零距离感受人文资源，探寻城市历史文脉，开展一场沉浸式、体验式的亲子互动活动。此外，我们为读者设有"留白"空间，为大家提供可参与、可行动的家庭教育活动项目，包含小讨论、小策划、小调研、小导游，通过活动内容引导、素材提供，鼓励亲子家庭共同参与到社会生活的大场景中。

四大篇章提供对家庭教育中常见案例的分析思考等锦囊妙计，希望家长朋友在阅读《社区亲子活动篇》后，实现亲子的双向成长。第一，在家庭互动层面，希望为家长提供实用家庭场景案例，助力家长朋友更好地认识自己、了解孩子，促进家庭和谐。第二，在社区参与层面，希望为家长提供社区活动资源案例，引导家长朋友能够带领孩子走进社区，接触真实生活空间，发现社区之美，扩展亲子教育空间，潜移默化培养孩子关注社区、参与社区的意识。第三，在城市融入层面，希望为家长提供亲子社会活动案例，鼓励亲子家庭对于城市街区活动有更为深入的了解，感受多元文化的碰撞，促进亲子家庭的社会认同与文化融入。我们也希望社区教育工作者在阅读《社区亲子活动篇》后，通过社区教育的开展推动家庭教育的专业化发展。一方面，启发家庭教育活动落地。社区教育工作者可借鉴手册内容，了解家庭教育的科学方法和技巧，为家长朋友提供经验交流的平台。另一方面，推动家庭教育资源整合。社区可依托现有手册资源，与不同家庭进行互动交流，建立家庭教育资源库，为不同类型的家庭模式提供丰富的家庭教育资料和信息，满足亲子家庭的个性化需求。希望《社区亲子活动篇》能为家长朋友提供家庭教育的方式，使其感受家庭教育的魅力，拓宽家庭教育的领域，让教育真正回归生活；能为社区教育工作者提供家庭教育活动设计策略、方案、思路，让教育能够落地社区。

我们期望与您成为"同行者"，也期望您能够成为孩子成长的"同行者"，在《社区亲子活动篇》中有所启发与收获，有所探索与体验。若您在家庭教育中有更多的想法与实践经验，欢迎与我们进行互动讨论。

目　录

社区实践篇

3

人文行走篇

4

温馨生活篇

给女儿的一封信

嘟咪是一个12岁的初中生，某天出门弄丢了一件心爱的物品，情绪非常低落。第二天，她收到了妈妈给她写的一封信。

嘟咪：

昨天你的小"狗"丢了，我知道你很伤心，我们都很难过。失去的痛苦只能你自己体会，但妈妈会陪着你。

事情发生的时候，我们都不在你身边，但是你找不到小"狗"以后的一系列行动，妈妈觉得你做得特别好。你很勇敢，自己沿途回去找；接受找不到的事实后，回到朋友们中继续活动，也没有影响到大家；你发了微信给妈妈，告诉我你很平静。妈妈觉得你很理智，面对突发事件已经有自己的思路和处理能力了，至少你没有迷路，这点比妈妈强多啦！

回到家后你也很平静，这让外公外婆很放心。你在房间里的哭泣，是想念、懊恼、伤心、悔恨……还有什么呢？也许还有很多复杂的心情，妈妈也在房门口陪你流了好多眼泪。

其实妈妈还蛮羡慕你有这样的玩具一直陪伴着你的。你在小学四年级的作文里写过小"狗"，那时我才知道，你每次看牙医矫正牙齿的时候都很害怕疼痛，是它一直在你身边给你勇气和力量。你笔下的小"狗"有一对绿豆眼，翘翘的鼻子上有你小时候的牙印……说实话，其实我们家长都有些顾虑：要是哪天小"狗"不见了，对你会是多大的打击？

还好，我的嘟咪内心越来越强大了！失去和离别本来就是一件很伤心、很痛苦的事情，哭太正常了，一点儿都不丢人。以后很长一段时间你想它的时候，还会流眼泪，这些都很正常。

今天你还是不自觉地问了我两次，小"狗"为什么找不到了？嘟咪你有没有发现，从昨天到今天家里人都没有提这件事？从来不"淘宝"的爸爸居然下载了应用程序，希望可以找到类似的玩具作为替代。妈妈知道你是重感情的好孩子，但不希望你多愁善感，你要把目光转到身边那些爱你的人身上。

说实话，作为初中生出门放个玩具在口袋里是多么幼稚的行为啊。你不妨认为小"狗"的离开是它的选择吧，它或许想告诉你，改变才能更好地成长。所以，想要记得的便不忘怀，需要放下的便去释怀，妈妈愿你善良而温柔。发脾气、说狠话、自私自利、得理不饶人，这些谁都会，但善良和温柔却是选择，亦是能力，需要我们通透而坚毅。成长路上，家为你遮风挡雨，妈妈不一定能为你披荆斩棘，也不一定能做好坚实后盾，但妈妈会一直陪着你。

信有点长。我虽不愿承认自己啰嗦，但知道话是说得有点多。明天你要打疫苗，还要去看牙医，可能这些会让你有点小紧张。但其实，你早就可以独自面对了，而且比想象中坚强很多。那就写到这儿吧！爱你的妈妈。

2021.10.02

案例分析

案例中，嘟咪独自出门弄丢了心爱的玩具，作为初中生的她已经有了一定的问题处理和情绪控制能力，在试图做了一定努力以后，回到家后情绪还是十分低落，独自在房间里哭泣。家人们选择避而不谈，各自行动，希望把这件事对孩子的伤害降到最低。这种陪伴，既给了孩子默默的支持，又留给孩子成长的空间。尤其是妈妈用写信的方式，开导孩子，引导孩子直面失去和离别，并告诉她家人对她的信任和关心，有几点值得思考和借鉴。

第一是共情。

案例中的妈妈在信里写道："我知道你很伤心，我们都很难过。""你在房间里的哭泣，是想念、懊恼、伤心、悔恨……还有什么呢？也许还有很多复杂的心情，妈妈也在房门口陪你流了好多眼泪。"这些都是在告诉女儿，家长能够体会她的感受，正在陪她一起面对。妈妈还很"羡慕"女儿有这样的玩具相伴，并知道那个玩具对她的意义，所以她那么伤心，家人都可以理解。考虑到女儿在家人面前表现平静，自己却独自哭泣，妈妈告诉女儿："失去和离别本来就是一件很伤心、很痛苦的事情，哭太正常了，一点儿都不丢人。"妈妈很好地体恤女儿的感受，适时引导女儿，"要把目光转到身边那些爱你的人身上""改变才能更好地成长""想要记得的便不忘怀，需要放下的便去释怀"，并告诉她家人的支持，相信并鼓励她自己去面对。这些语言会拉近家长和孩子的心，同时给予孩子很大的安全感，都源于妈妈很好地用到了"共情"。家长和孩子的沟通，传递的首先是爱与情感。在孩子因为遇到困难而伤心难过的时候，家长要站在孩子的角度去安慰和开解，增加亲子之间的信任感，这才是高质量的陪伴。家人生活在一起，共同经历过很多事情，是最熟悉的人，所以往往更容易用好"共情"这个技巧。

第二是写信。

写信是一种比较传统的表达爱和传递爱的方式，尤其是在现代快节奏的生活中，显得更为正式和真挚。当家人之间需要互相支持，特别是有些内容不知道该如何当面表达的时候，用文字会让沟通更有效，让支持更有力量。在写作的过程中，一边写一边思考，表达会更加准确。不像口头表达有时脱口而出，却词不达意，甚至产生误解，引发误会。家庭成员之间书信的交流，可以用编辑信息、邮件，或者手写书信的方式进行，书信可以长时间保留，当再一次读信的时候，往往会再次心有感触，有助于亲人之间的关系改善和情感维系。

指导建议

日常生活中，当孩子遇到打击或者困难的时候，常常会表现出各种情绪，比如哭、闹，甚至出现摔东西、骂人、打人等暴力行为。家长要稳定自己的情绪，换位思考孩子的感受。因为很多事情成人可以理解，可以自我调节，但孩子还没有能力做到，所以家长更要有耐心去陪伴孩子正视情绪，更要用心去引导孩子走出情绪。这个过程本身就是家庭成员之间相互理解、增进情感的契机。

陪伴孩子正视情绪。

当孩子的情绪无法控制的时候，一定是遇到很难承受或者自己无法解决的事情了。家长要重视和正视孩子的负面情绪，倾听孩子的陈述，了解事情的经过。如果孩子情绪很难控制，家长可以暂时采用"冷处理"，但需要在一旁陪伴。如果孩子出现伤害行为，家长一定要上前阻止，把孩子直接抱住可以起到控制的效果。这个时候的沟通往往没有实际效果，有些语言还会刺激到孩子，反而起到反效果。等孩子慢慢平静下来以后，家长可以帮/让孩子洗个脸或者给孩子一瓶水，让孩子再放松一些。等到时机成熟，家长再和孩子交流，帮助孩子梳理思绪，让孩子感受到家长对自己的理解和尊重。

引导孩子走出情绪。

如果是孩子的心爱之物弄丢了，家长可以帮助孩子一起找寻，回忆有可能丢失的地点，陪孩子一起去试一试，找一找，也许就找到了。这个时候失而复得的感动会升华亲子之间的感情，并让孩子更加珍惜现在拥有的东西。

同时也可以教会孩子遇事不慌张，锻炼他们理性分析的处事思路，培养他们沉着冷静的处事能力。

遇到物品丢失实在找不到的情况，家长需要用心判断丢失的物品对孩子的意义和影响，再采取下一步行动。如果是年龄比较小的孩子，一般采用转移注意力的方法，用一个新的物品替代，孩子也许很快就忘记了。但如果孩子对丢失的物品感情比较深，家长也认为孩子还不具备理解"分离"的能力，那不妨去找一个一模一样的物品作为替代。身边就有一些案例，家长买了相同的物品，并进行"做旧"还原，"骗"孩子说找到了。孩子对这招很受用，即使发现不是原来的，但还是会很开心地接受家长的好意，他们也会更珍惜和爱护自己拥有的，包括家人。

对于有理解和判断能力的孩子来说，这其实是一个进行挫折教育的机会。孩子正在试图自我调节，学会面对"失去"和"分离"。家长要做的是陪伴和鼓励，要给予孩子足够的支持和信任。人生有很多必修课都是孩子必须自己去面对和承受的，家长要学会放手，乐见孩子的成长。当然每个家庭互动的方式不一样，家长可以适时给予孩子一些合适的引导和帮助，让孩子及时从负面情绪中走出来。

帮助老人跨越数字鸿沟

案例描述

我的小伙伴们，让我们帮助身边的老人跨越数字鸿沟！[①]

我的外公外婆皆已年过花甲，可他们还总保持着年轻的心态，平时也经常与我们讨论年轻人感兴趣的话题。但这几年，外婆时常抱怨："你们天天抱着个手机，都不陪我们聊天了。"外公也有些苦恼："你们看的东西我们都看不懂，虽然也有手机，但我们除了打电话，什么都不会用。发微信、买东西什么的，没有人教我们，我们哪能'自学成才'啊？"

买菜时，年轻人用手机扫码支付，而老人只能掏现金；充交通卡时，年轻人只需在地铁站的机器充钱，而那些不会用手机的老人只能跑去邮局充钱……疫情以后，更多的场景需要用到智能手机。这些对老人来说十分不便，无疑是外公外婆心中的一根刺。但是，他们也不愿意去报班学习，似乎觉得问小辈们难以启齿。我觉得，我们完全可以胜任"小老师"，就利用这个假期，多关心身边的老人，帮助他们跨越数字鸿沟！

我的倡议如下。

1. 我们需要主动一些，关心爷爷奶奶、外公外婆这方面的学习需求。我们可以从最简单的拍照片和聊天教起，激发他们的学习意愿。我就是先教外婆拍照和拍视频，外婆学得不亦乐乎，也与我有了共同话题，我们之间的交流变得更多了。

2. 一些重要的本领要教会老人，更要鼓励他们学以致用，比如随申办、

[①] 案例选自微信公众号"嘟咪的日志"（2021 年 7 月 9 日）。

支付宝等应用程序（App）的下载和使用。现在老人如果不会出示随身码，就会寸步难行。

3. 耐心教导老人。对老人来说，智能手机是一个新奇的东西，所以在一开始的学习过程中，他们会有些紧张。而且，老人学得慢，忘得快，有一些内容需要反复学习。这时，我们应该耐心教他们，让他们慢慢体会到乐趣。

4. 我们可以和爸爸妈妈一起帮助老人学习使用手机。虽然我们可以教老人手机的基本使用方法，但支付宝等支付工具的开通和使用，还是让爸爸妈妈来教更放心哦！

5. 点到为止，让老人有自己思考的空间，在慢慢摸索中学习。其实，老人远比我们想象得聪明，我教会外公发微信后，他就举一反三，自己学会了发视频、发照片。如果我们只是一味地教，反而会让老人提不起兴趣，倒不如让他们自己操作，说不定会有惊喜哦！

6. 我们也要教会老人做好"手机管理"。长时间使用手机会影响大家的健康，所以我们要"以身作则"，控制好手机的使用时间，可千万不能让老人"手机成瘾"。

手机的使用给我们带来了便利，却让我们与老人之间多了一道"数字鸿沟"。其实这道"鸿沟"并不难跨越，需要的只是一点陪伴、一份耐心、一些支持。

爷爷奶奶、外公外婆把我们捧在手心，当他们需要帮助时，我们这个"亲友团"义不容辞！让我们从今天做起，一步一个脚印，帮助身边的老人跨越数字鸿沟吧！

案例分析

案例选自一位初中一年级同学的个人微信公众号，她向同龄人发出倡议，帮助自己的长辈学习和使用智能手机。从孩子质朴的语言中可以看出，该家庭的亲子关系很融洽，也呈现出隔代相处中其乐融融的画面。

老人爱学，孩子乐教。

案例中的外公外婆，在孩子眼里是有着年轻心态的老人，他们不愿意与时代脱节，很乐于接受新鲜事物，很愿意学习并适应新鲜事物。长辈对学习的需求和对渴望帮助的表达，是隔代相处很好的基础，也是教与学最好的动力。同时，长辈适当的"示弱"，会唤醒和增加孩子的责任感。孩子会对所见所闻所感形成基本的认知和判断，随着年龄的增长和知识技能的增进，他们也会更加关心爱护长辈，为长辈做一些力所能及的事情。所以，孩子才会发出这样的倡议："爷爷奶奶、外公外婆把我们捧在手心，当他们需要帮助时，我们这个'亲友团'义不容辞！""我觉得，我们完全可以胜任'小老师'，就利用这个假期，多关心身边的老人，帮助他们跨越数字鸿沟！"

孩子善教，老人乐学。

案例中，孩子提出的六点倡议，有一定的实践基础，可以看出孩子在教长辈使用智能手机的过程中，更主动地去了解和关心老人，还总结出了一些教学经验，比如"可以从最简单的拍照片和聊天教起，激发他们的学习意愿""一些重要的本领要教会老人，更要鼓励他们学以致用"等等。教学过程中，孩子在不断地进步和成熟，老人"学得不亦乐乎"，这种双向良性的互动，促进了隔代共同话题的增加，促进了老人与孩子之间更好的理解和尊重，隔代相处越和睦，家庭关系越和谐。

指导建议

现在有很多家庭三代人同住，孩子和老人的隔代关系直接影响整个家庭的关系，大家庭的相处模式也影响着孩子的成长。因此，作为家长和长辈，有责任营造良好的家庭氛围。

长辈有积极乐观的生活态度，家庭才有蓬勃向上的朝气。

长辈和小辈共同生活，往往承担着买菜做饭、接送孩子等责任，这是长辈在为家庭做贡献，更体现了长辈对小辈的亲情和爱。但是，长辈不应该只围绕着小辈，没有自己的生活。长辈积极向上的生活和学习态度，会传递给小辈，对小辈的成长以及整个家庭的氛围都有深刻的影响。尤其小辈和长辈相处时间更多，长辈平时读书看报、锻炼养生、休闲娱乐等日常，都潜移默化地影响着小辈。长辈身心健康、生活愉快，整个大家庭都会更加和睦。

家长发挥好纽带作用，家庭才能形成互敬互爱的氛围。

尊老爱幼是中华民族的传统美德。隔代相处时，维系三代人的亲情，中间代具有很重要的纽带作用。父母对长辈的孝顺和尊敬，能让长辈感受到欣慰。父母言谈中表现出对长辈的关心和体恤，孩子看在眼里，记在心里。父母还应该教育和引导孩子，多关注和了解长辈，关心他们生理的变化，分析他们的行为，体谅他们的情绪。慢慢地，孩子就会形成自己和长辈的相处之道，从而更尊重长辈，善待长辈。生活中，小辈感恩长辈的付出，长辈珍惜和小辈的相处，家庭就有了互敬互爱的氛围。

布置家庭亲子核心区

　　家是串联家人情感的"小天地"，一个充满爱的家庭环境会带给孩子满满的安全感与幸福感。小甜心的爸爸妈妈在小甜心 6 岁生日时，兼顾小甜心的兴趣爱好，让她在家中选一片空地，作为"家庭亲子核心区"。"家庭亲子核心区"是亲子情感互动的固定场所，也是小甜心自由玩耍、自由布置的"小天地"，是每位家庭成员不由自主想要聚集的空间。

　　小甜心希望选择一处可以随意涂鸦的空间作为"家庭亲子核心区"。爸爸妈妈采纳了小甜心的建议，决定腾出家中带墙面的一个角落进行布置。他们在墙面贴上可粘贴的画板，在地面铺上喜爱的地毯，放置松软的抱枕，并放上小桌子、摆上喜爱的玩偶，创设了一个可供亲子互动的空间。布置好"家庭亲子核心区"后，爸爸提议在画板上共同涂鸦，为今天的小天地创作一幅画，作为送给彼此的"礼物"。小甜心在爸爸妈妈的陪伴下，画上了喜爱的"巴巴爸爸家族"。小甜心表示："希望我们也像巴巴一家一样和睦、温馨，像巴巴家族的成员一样相亲相爱。"爸爸妈妈对于小甜心的想法给予肯定，画作创意完成，一家人击掌拥抱，为小小的成果庆贺。

　　小甜心受到幼儿园的小天地的启发，又提出一个想法："在每个重要的节日，我们都可以在这里开展手工制作活动呀。"爸爸妈妈表示一定会来陪伴小甜心的。妈妈也提议："每过一阶段，我们可以为我们的'家庭亲子核心区'确定一个主题，并可随心进行布置，随主题变化放置相关书籍进行亲子交流。我们有什么感受、想法也都可以在墙上涂鸦文字进行'爱'的表达与传递。"妈妈的想法也得到大家的肯定。小甜心立马行动起来，在画板上画了一个卡通蛋糕和一个爱心，作为给爸爸妈妈的回馈。

　　一家人在小小的空间内贴近地面，去感受身心的放松，去享受家人间相处的那份简单快乐。小甜心在爸爸妈妈的陪伴中获得更多的信任感、安全感与满足感，爸爸妈妈在陪伴小甜心的过程中，生活也更加甜蜜。家人间浓浓的"爱"在小小空间中传递……

案例分析

　　专属的亲子互动空间能够让家庭成员不由自主地去关注"小天地"最近发生什么变化，有什么新动态，这样一个固定的情感交流空间能够加强亲子间的情感传递，也能让孩子在互动过程中感受爱、接受爱、表达爱。案例中，小甜心的爸爸妈妈在她 6 岁生日之际，为她送出一份独特的礼物——家庭亲子核心区，并采纳小甜心的建议选取角落进行布置。这样一种方式也是给予孩子爱与放手的特别形式，既能够在此空间加强情感互动、建立安全依恋关系，又能够给予小甜心一个可以自由布置的小天地。

共享亲子时光，建立安全依恋关系。

　　良好的亲子关系能够治愈一个人的一生，家庭是孩子成长的第一扇门，父母是打开这扇门的关键点。本案例中，小甜心的爸爸妈妈在她 6 岁生日时，与她共同选择并布置了一个亲子空间——家庭亲子核心区，希望能在这一小小的空间内，给予小甜心满满的爱与安全感。小甜心的爸爸提议"在画板上共同涂鸦，为今天的小天地创作一幅画"，通过家庭成员共同绘制小天地的第一幅画开始，亲子间的联结更加亲密。他们选取"巴巴爸爸"动画中的人物形象进行创意涂鸦，在互动中彼此欣赏，并将画作作为礼物送给彼此，小甜心也表达了她对于家庭模样的描述，希望和"巴巴爸爸"家族一样相亲相爱。此外，"画作创意完成，一家人击掌拥抱，为小小的成果庆贺"，小甜心一家人通过肢体语言表达了亲子间的爱。小甜心在听完妈妈的提议后，"在画板上画了一个卡通蛋糕和一个爱心，作为给爸爸妈妈的回馈"，她在用实际行动表达对爸爸妈妈的爱。爱的表达方式有很多种，在这一小小的"家庭亲子核心区"内，我们可以看到小甜心一家通过语言与非语言的形式，表达着爱，让爱化作无形的方式，以无条件的形式让爱穿梭于亲子家庭的日常生活中。

打造专属空间，创造随心而变的机会。

在爱孩子的过程中，也要适当放手，为孩子创设一定的空间与条件，去自由地做一些他们自己愿意做的事情。案例中，小甜心的爸爸妈妈为小甜心打造专属的空间，不仅是亲子互动的空间，也是小甜心可以随心打造的空间。小甜心随自己的心意进行布置：可粘贴的画板、喜爱的地毯、松软的抱枕、小桌子、喜爱的玩偶等，在爸爸妈妈的帮助下共同创设了一片"小天地"。一家人还为这一片"小天地"想了用途、功能——重要节日的互动场所、定期的主题布置、信息留言处等，为专属空间赋予了更多的内涵与意义，它的价值更为丰满。

指导建议

学会表达爱、学会接纳爱是我们每个人一生都在学习的课题，如果能够在孩子幼小的心灵种下"爱"的种子，"爱"会形成同心圆，相信未来会充满更多的爱，世界会更加和谐美好。

学会表达爱。

爱有五种表达方式，肯定的言辞、精心的时刻、接受礼物、服务的行动、身体的接触。《儿童爱之语》一书帮助家长朋友了解孩子的爱之语，了解如何向孩子表达爱。家长可以用肯定的语言对孩子表达认可；与孩子度过精心的时刻，如一起出游、一起运动、一起手工；与孩子进行肢体的接触，如拍拍肩、摸摸头；为孩子准备一个礼物，即使是一张关怀的留言；为孩子做一件事等等，这都是在给孩子一个"爱"的信号，让孩子在无条件的关怀与爱中健康快乐地成长。这一过程也是潜移默化地教会孩子如何表达爱的过程，孩子在家长的模仿习得下也逐渐能够尝试表达对他人的爱。

学会接纳爱。

爱需要表达，也需要接纳。在亲子间学会表达爱的同时，也要学会接纳爱。一是让孩子学会爱自己。爸爸妈妈要引导孩子爱惜自己，看到自己生命的独特之处，只有接纳自己后才能更好地接纳他人。二是接纳孩子爱的表达。作为家长，给予孩子爱的同时，也要接纳孩子爱的表达，否则孩子会觉得自讨无趣，自我价值感低，信任关系极易破裂。家长要在孩子成长的各个时期给予孩子足够的安全感，让孩子能够产生安全的依恋关系，当对父母有了足够的信任，孩子对外界世界才会变得充满信心，拥有安全感，进一步学会接纳爱。

我家的"菜单"

　　又到周末，我要和妈妈一起制定下一周的菜单。今天是疫情封控的第56天，也是妈妈学习做饭的第56天。回想刚刚封控的那几天，妈妈天天为了一日三餐发愁。以前家里不开火，现在既不能去外婆家"蹭饭"，又不能叫外卖，妈妈只能硬着头皮学做饭。虽然妈妈时不时会为了没有抢到菜而沮丧，或是为了烧糊了小排而心疼……但是她基本能把家里安排妥当了，还不耽误自己的工作以及娱乐，我还是挺佩服她的。当然，这里也有我很大的功劳，因为我会帮妈妈做好菜单，妈妈只要按照菜单来准备，一切就都会变得有条不紊。

　　制定菜单的第一步是清点冰箱食物。昨天街道发了新鲜的蔬菜和肉制品，冰箱里还有上海青、西红柿、土豆、香肠、半只冻鸡以及一些速冻食品。妈妈说前几天团购的面包这周也会到货，所以，早饭我就翻着花样安排了肉包、菜包和面包。妈妈问我有没有特别想吃的菜，她可以想办法去团购。我想还是先把冰箱里的食物消灭掉，不然真的会很浪费。现在的形势也不稳定，多一次团购，就会多一分危险。而且，别看妈妈都是按照视频烧菜，味道都很不错呢。我说："妈妈烧的胡萝卜炒红肠特别下饭，鸡汤特别香，菜饭也好吃，我可以一顿吃两碗。"妈妈很高兴，她说新学了茄汁西葫芦、黄瓜炒肉片，还想尝试下煲仔饭。我看了看这些原材料我们都有啊，果然妈妈有悄悄做过功课！我也想再做一次番茄炒蛋饭，上周我学做了番茄炒蛋，妈妈提议把中午剩下的米饭放在里面一起炒，结果特别好吃。我觉得我和妈妈都有做饭的天赋！我还问了妈妈哪几天要开线上会议，妈妈开会的时候最好还是吃面条、馄饨这些很容易煮的食物。很快，我家的菜单就出炉了，保证荤素搭配，营养健康。我很期待周二，周二下午妈妈炖鸡汤，晚上我们吃鸡肉，第二天中午吃鸡汤面。我更期待周五，因为周五我下课早，就可以自己掌勺做饭给妈妈吃。

我把菜单拍照发给爸爸，爸爸和爷爷奶奶直夸我能干。爸爸居然不怎么相信妈妈烧菜的水平，还和我说要好好吃饭，多鼓励妈妈。我明明看到爸爸点赞了妈妈的朋友圈。妈妈每次做好饭都会拍照发朋友圈，其实我知道她是想让外公外婆、爷爷奶奶放心。

虽然现在很特殊，物资比较紧张，我们有计划地过着日子。但是，我们过得很充实，我正在一天天健康地成长。

案例分析

2022年上海疫情封控，改变了很多家庭的生活模式和相处方式。对绝大多数家庭来说，一家人在一起的时间大大增加，父母和孩子共同参与家庭事务的机会也大大增多。"菜单制定"这项活动，原多出现在小孩子过家家的游戏中，或者逢年过节长辈准备家庭聚餐时才会用到。案例选自一个初中生的随笔，她们母女之间围绕"菜单制定"的日常互动，让我们看到了即使是在特殊环境下，只要方法得当，任何简单的互动都能使亲子关系和谐而稳定。和孩子共同制定菜单，一方面可以让孩子更好地认识家务劳动的重要性，另一方面可以让孩子在实践中体悟为人处世的方法。

让孩子更乐于参与家务劳动。

妈妈把制定菜单的主动权交给女儿，我们看到女儿欣然接受这个任务，而且很有成就感，"我会帮妈妈做好菜单，妈妈只要按照菜单来准备，一切就都会变得有条不紊"。在做菜的问题上，妈妈说"新学了茄汁西葫芦、黄瓜炒肉片，还想尝试下煲仔饭"，其实妈妈是根据食材做菜，女儿也知道，只是妈妈始终把决定权交给女儿，这无形中增加了孩子的责任感，并激发了孩子的劳动积极性。女儿主动参与家务劳动，"我也想再做一次番茄炒蛋饭，上周我学做了番茄炒蛋，妈妈提议把中午剩下的米饭放在里面一起炒，结果特别好吃"。同时，我们看到了一个积极自信的孩子，"我觉得我和妈妈都有做饭的天赋""周五我下课早，就可以自己掌勺做饭给妈妈吃"。

让孩子更好地体谅父母。

家庭遇到一些棘手的问题时，家长可以和孩子交流和讨论，听取孩子的意见，并请他们共同参与。孩子在这个过程中有学习，有判断，有思考，同时，讨论的过程本身也能增进家人之间的理解和认同。案例中，妈妈问女儿，有没有特别想吃的菜，她可以想办法去团购，女儿分析得既客观又很体谅妈妈，"先把库存的食物消灭掉，不然真的会很浪费""现在的形势也不稳定，多一次团购，就会多一分危险""别看妈妈都是按照视频烧菜，味道都很不错呢"。爸爸妈妈之间的互动，女儿也有自己的判断，"其实我知道她是想让外公外婆、爷爷奶奶放心"。我们可以看到，虽然疫情打乱了这个家庭原本的生活模式，但是家人之间的关照和支持，对孩子有非常正向的引导。

让孩子更有条理地处事。

其实，制定菜单就是制定家务计划的一种，家务计划又属于家庭计划的一类。家庭计划，小到第二天吃什么早点，大到家庭未来10年的打算。我们在日常生活中，通常会制定读书计划、旅游攻略、采购清单等等；父母在工作中会经常制定工作计划和任务清单；孩子在学习中也会制定各种学习计划和作业清单等。一家人一起制定计划，不仅可以保证家庭事务的顺利开展，还能锻炼孩子处事的条理性。案例中的孩子思路就非常清晰，"制定菜单的第一步是清点冰箱食物""妈妈开会的时候最好还是吃面条、馄饨这些很容易烧的食物""下午妈妈炖鸡汤，晚上我们吃鸡肉，第二天中午吃鸡汤面""我把菜单拍照发给爸爸"……家庭教育的效果是潜移默化的，效果大体就体现在孩子为人处世的方方面面。

指导建议

哈佛大学的一项对波士顿地区几百名孩子长达 20 年的追踪调查研究表明，不做家务的孩子长大后的失业率是做家务孩子的 15 倍；爱做家务的孩子平均收入要高出 20%，犯罪率、离婚率、心理疾病患病率也较低。[①] 现今，劳动教育越来越得到各界的重视，如何在家庭教育中积极引导，让孩子成为更乐于参与家务劳动的人呢？

首先，树立正确的家务劳动观念。

在核心家庭中，如果夫妻两人对家务活儿有妥善分工，互相配合，乐在其中，那么，在孩子眼里看到的是父母为了维系这个家庭，各自分担，相敬如宾，心里根植的就是"家务劳动是每个家庭成员应该要承担的事情"。当孩子长大以后，组建自己的家庭，也会传递"家庭事务共同分担"的理念；走上工作岗位，也能很好地融入集体，和他人团结协作。共同分担家务劳动的观念，还能培养孩子高度的责任心。对于家庭事务，每个家庭成员都需要也理应尽到自己的一份责任，要对自己负责，对家庭负责，对家庭中的其他成员负责。这份家庭责任感，有助于巩固原生家庭以及孩子今后新生家庭的和谐与美满。

---

① 王智.请鼓励你的孩子做家务［J］.中国家校合作教育，2017（1）：2.

其次，养成良好的家务劳动习惯。

孩子做家务要量力而为，家长可以学习和参考《孩子做家务年龄表》等指导手册，和孩子共同制定家务计划。孩子比较小的时候，家长需要陪伴孩子一起做家务，并增加家务劳动的趣味性。当孩子可以独立完成一项家务时，家长要及时肯定并鼓励孩子坚持劳动。比如，有些孩子在家里承担倒垃圾的职责，那么就要约定好包干到底，不可以"三天打鱼两天晒网"。如果坚持不下去了，家长需要提醒、鼓励，甚至给予小小的惩罚。再比如，有些家庭会设置洗碗日，家庭成员轮流洗碗，那就需要每个人都遵守规则。一开始，孩子可能洗碗洗得没有那么干净，或者会浪费水，甚至发生打破厨具等状况，家长不要急于责备，这样很可能会浇灭孩子做事的热情。家长需要耐心纠正，找一个"如何正确洗碗"的视频，全家一起学习，让孩子知道任何一项劳动都蕴藏着学问。只要坚持实践，孩子很快就会掌握家务劳动的基本技能，并乐于分担更多的家庭事务。

兴趣班三部曲

案例描述

　　现在这个时代，说起兴趣班，相信为人父母者都不陌生，报班送娃学习之路的焦虑与迷茫、收获与欣喜，各种滋味甘苦自知。案例分享者是一位二孩家庭的妈妈，两个男孩，相差三岁；双职工家庭，平时都是自己带娃。当兴趣班遇上两个娃，妈妈感慨颇多。

相亲相爱：哥哥到处转，弟弟陪跑员

　　哥哥的兴趣班从足球开始，后因不喜欢冲撞争抢，每次上场只在球场外围独自奔跑，学习不足一年就宣告放弃。幼儿园大班时，哥哥开始参加少体校乒乓球兴趣班，后又开始学习乐高机器人，兴趣不减也就坚持了多年。上小学以后，哥哥又增加了软笔书法学习。这一时期，弟弟还没有报任何兴趣班，只是在哥哥有课的时候跟着妈妈一起做个打酱油的陪跑员，等哥哥上完课后一起出去自由玩耍、亲近自然，哥俩相亲又相爱。

相仿相效：有了比较，伤害随之而来

　　弟弟在幼儿园中班的时候同时拿到少体校乒乓球和游泳训练班的通知单，妈妈想着离家不远且训练正规收费又不贵，加上时间不冲突，弟弟就开始学习乒乓球和游泳。大概学了半年后发现，弟弟游泳的身体条件不占优势，加上训练时间冲突，因此舍游泳而取乒乓球，开始与哥哥一起上乒乓球小课。等到弟弟上了大班，妈妈想着反正是要陪哥哥上书法课的，索性让弟弟也开始学习书

法，一次送俩省心省力，于是弟弟又开始了一个与哥哥做同学的兴趣班。

刚开始，因为学习时间长短不同，哥哥在乒乓球和书法上的表现自然优于弟弟。随着学习深入，那些被称为"天赋"的摸不着看不见的东西开始对学习效果产生影响，弟弟在这两个项目上的表现开始优于哥哥。有了比较，伤害随之而来，"你这哥哥怎么做的？写得还不如弟弟""弟弟打得比你好了，你得加油啊"……哥哥自信心受到了打击，越来越不愿意打乒乓球和上书法课。那段时间，每当要去上课，哥哥都要进行一番心理建设。妈妈认为已经坚持了那么久的兴趣班不能半途而废，一直没有答应哥哥放弃打乒乓球和上书法课的想法。于是在大约一年半的时间里，焦虑、争吵、纠结成了哥哥兴趣班学习的主基调。

相安无事：退一步海阔天空

当上兴趣班变成一种心理负担，影响到了亲子关系和兄弟情时，坚持也就没有了意义。考虑再三，妈妈给哥哥停掉了乒乓球和书法两个兴趣班。不用再与弟弟做比较后，哥哥脸上又重新拾回笑容。后来因某个机会接触到与人工智能相关的课程，因为有着小时候学习乐高机器人的经历和基础，加上思维活跃、善于表达等特点，哥哥在这项新的兴趣课程中找到了成就感和自信心，也取得了一些成绩，弟弟则还是在坚持学习乒乓球和书法。两个人在不同的兴趣课程中各有收获，各自精彩。

案例分析

让孩子上兴趣班，学点课外技能没有错，但是，不是家长认为的"非常必要"的兴趣班都适合自己的孩子。现在越来越多家庭养育二孩或三孩，多子女家庭在孩子的兴趣培养上应该要注意些什么？本案例引发我们以下几点思考。

第一，加法与减法。

报兴趣班是对孩子喜好能力、家长精力、家庭财力等多方面情况综合考量的过程，同时也应该是一个动态调整的过程。案例中的哥哥从足球兴趣班入门，但性格不适合，对足球不感兴趣，及时放弃做减法；后来选择了乐高机器人，在学习过程中又增加了乒乓球、书法等兴趣班，因为喜欢且学有所获，也有一定的实用价值，容易坚持。弟弟的兴趣班选择更多考虑的是家长精力，但在实行的过程中出现了问题，这时候的"加"与"减"不仅要考虑孩子之间的兴趣差异，更要关注孩子自身的心理状况和健康成长状态，及时进行调整。多子女家庭尤其要注意这一点。

第二，坚持与放弃。

兴趣班的本意是为了帮助孩子挖掘长处、陶冶性情，不论学习什么，投入和坚持才会有收获。在选择兴趣班时，既要观察孩子是否具备坚持学习某项兴趣的条件，还要评估自己是否能够陪着孩子一起坚持。虽然是孩子的坚持，但考验的是家长。兴趣学习要学有所得必然伴随着枯燥乏味的反复练习，在这个过程中，家长的督促与陪伴尤为重要。多子女家庭在培养孩子兴趣的时候，如何做到兼顾不同孩子的陪伴，帮助他们坚持下去，值得深入探索。

指导建议

心理学家认为，兴趣不是天生的，而是可以培养和创造的。无论兴趣还是爱好，都是在接触和深入的过程中，慢慢"生成"的。在培养孩子兴趣爱好的过程中，我们要注意以下几点。

找准目标重在坚持。

每个个体都是独一无二的，人与人之间的差异性也意味着兴趣爱好的不同。结合家庭实际与孩子的情况，通过观察、尝试、沟通等来发掘孩子的兴趣点，然后在多个兴趣点之中再次筛选，进一步确立兴趣培养的目标。目标一旦确立，剩下的就是坚持。兴趣爱好是在日复一日地重复探索过程中逐渐养成的，在过程中会遭遇困难与波折，会经历意志消磨与减退，容易半途而废。作为家长，帮助孩子及时调整找到适合的节奏，为孩子提供源源不断的动力与支持，兴趣爱好才能真正"生成"。

顺应孩子天性，差异化培养兴趣。

俗语有云："龙生九子各不同。"虽是一母所生，孩子的性格、志趣等往往并不相同。作为多子女家庭的家长，要注意到孩子各自擅长和感兴趣的东西，然后根据孩子的天性，开发他们各自的长处，引导他们各自发力。如果在家庭内部容许嫉妒和竞争，兄弟姐妹之间就很难拥有和谐的关系。对孩子进行差异化培养，可以尽量避免一些无谓的竞争和比较。《西邻五子》的故事告诉我们，教育孩子要因人制宜，扬长避短。顺应孩子的天性，差异化培养才能保持培养孩子兴趣的初心。

每个孩子都是独一无二的个体，他们有各自的天性特质和兴趣爱好，还有不同的成长节奏和能力发展。孩子不是机器，教育也不是竞赛。兴趣爱好是让兴趣学习伴随着孩子的成长，享受兴趣爱好带来的快乐和幸福。

我家的家务规则

俗话说："国有国法，家有家规。"家规指的是家庭的做事规则。每个家庭都有自己的家规家训。家务通常指维持家庭正常运转的小事务，比如洗碗、擦地、洗衣、做饭等。

你们家的家务规则是什么呢？和爸爸妈妈一起讨论一下吧！

我家的家务规则

第 1 条：_____

第 2 条：_____

第 3 条：_____

第 4 条：_____

第 5 条：_____

第 6 条：_____

第 7 条：_____

第 8 条：_____

第 9 条：_____

第 10 条：_____

2

家庭节日篇

一起过"家庭劳动节"

　　爸爸妈妈每周末都会带着8岁的小奶油一起做家务，共同度过愉快的"家庭劳动节"，为家庭创设干净整洁的卫生环境。这周末，爸爸妈妈与小奶油共同分工，将屋子分为不同区域进行清理，爸爸收拾卫生间和厨房，妈妈收拾卧室，小奶油收拾自己生活的区域。一家三口伴随着悦耳的音乐，开启半天愉快的"家庭劳动节"。

　　起初，小奶油看着杂乱的空间有点手足无措："我只想做个捣蛋鬼，不想劳动了。"妈妈看着想要放弃的小奶油，蹲下来耐心地引导她："你上一次表现得就很好，这一次一定还是很棒哒。这一次呢，你还是把自己用过的东西整理干净，把书桌上的东西分好类、摆整齐，再把地上的玩具放到玩具箱里，废旧的物品扔到垃圾袋里。另外，你要再增加一个区域，就是你的小衣柜，想想下周要穿的衣服，把自己最近心爱的衣服搭配好挂在衣架上，就像给你的洋娃娃换装一样。"小奶油转了转眼珠，元气满满地开工啦。她在妈妈的引导下，先把桌面擦拭干净，并将物品进行分类、摆放整齐，能放入收纳盒的物品通通"藏进"收纳盒中，桌面逐渐变得干净清新。紧接着，小奶油把玩具装进玩具箱中，看着桌面、地面在自己的辛勤付出中变得无比整洁。小奶油还发现，一些不喜欢的玩具可以用来当作观赏花瓶，爸爸妈妈都在为小奶油有如此好的"废物利用"小创意而点赞："能够把玩具再次利用，真是一个好主意！"随后，小奶油又去整理自己心爱的衣服，为他们做搭配。在劳动中，小奶油感慨道："妈妈每天既要上班，又要为我们做香甜美味的菜，还要收拾我的'残局'，真的太辛苦了！我就收拾了一个桌面都好累。"妈妈露出"傲娇"的小表情，也为小奶油今天的付出奖励一个大大的拥抱。

　　一家三口在共同努力下，创造了干净清新的家庭环境，共同感受着"一分耕耘，一分收获"的快乐。爸爸为妈妈和小奶油备好水果，一家人享受着劳动后的愉悦，在整理房间的过程中将顺平日里的烦躁，在扔掉垃圾的过程中感受内心的清新透彻，在废物利用的过程中感受生活的小美好。

案例分析

　　"家庭劳动节"是亲子家庭间共同清洁家庭、梳理心情的一剂良药，也是帮助孩子懂得承担家庭责任、学会换位思考的美好时刻。本案例中，小奶油的爸爸妈妈每周都会带着孩子整理、清洁自己的家庭。在共同劳动的过程中，小奶油能够手脑并用，懂得承担家庭责任，学会理清做事思路，提高做事效率，创设一个舒心整洁美好的家庭环境；能够换位思考，懂得关心、体谅他人，尊重并珍惜每个人的劳动成果。

承担责任，及时赞美。

　　家务劳动的价值对于孩子成长起着关键作用。案例中的父母每周开展一次"家庭劳动节"，通过分工合作，及时让小奶油参与到家庭事务当中，让孩子能够尽早明白自己作为家庭的一位成员，需要承担起的家庭责任，伴随着悦耳的音乐，一家人在劳动过程中能够有所收获、有所体悟。小奶油的妈妈看到小奶油面对杂乱无章的混乱场景准备放弃时，及时地给予小奶油肯定，告诉小奶油："你上一次表现得就很好，这一次一定还是很棒哒。"同时，以"蹲下来"的方式，与孩子平等地而非居高临下地进行沟通。此外，妈妈以"具体化"的方式（书桌、地面、衣柜），为小奶油提供整理思路与方向，让小奶油能够更加充满信心。当案例中的小奶油提出玩具可以"废物利用"时，爸爸妈妈也及时地对小奶油的创新想法进行赞美："能够把玩具再次利用，真是一个好主意！"在赞美时，爸爸妈妈提及孩子的具体行为，能够让孩子更为直观地感受到自己的"创举"，能够获得更多的自豪感与满足感。妈妈还为小奶油今天的付出奖励一个大大的拥抱，用肢体性的语言对孩子表示鼓励与赞美，也是一种可取的方式。

换位思考，常怀感恩。

家庭劳动能够让孩子真切体会到平日里父母的辛苦，能让他们在自己的辛勤劳动中油然而生一种感恩之心。起初，小奶油看着杂乱的空间有点手足无措，甚至想要放弃。在妈妈的耐心引导下，小奶油通过自己的努力，看到焕然一新的环境时发出感慨，认识到平日里"妈妈收拾我的'残局'，真的太辛苦了"。小奶油从想当"捣蛋鬼"到感受到妈妈平日里的不易，心态的转变离不开爸爸妈妈每周末开展的"家庭劳动节"。"家庭劳动节"对于小奶油是一种心性的磨炼，劳动变得不单是一种让家庭变得干净整洁的活动，也是在潜移默化地让孩子能够常怀感恩之心，能够在未来学习生活中更多地关注到身边的每个人，尊重每个人的辛勤付出，尊重的背后就是一种感恩之心的传递。

指导建议

"家庭劳动节"让孩子在学会承担家庭责任的过程中磨炼心性，在完成一件小事的过程中，了解统筹规划的重要性。孩子往往在遇到复杂的事情时想要退缩，遇到杂乱无章的场面时想要逃避，家长要做好孩子的引路人，让孩子能够在复杂的事件中变得运筹帷幄、处乱不惊，将事情安排得妥妥当当，让自己的效率不断提高。

在磨炼心性中运筹帷幄。

　　劳动的过程是磨炼心性的过程。比如，整理房间时孩子要能够耐住性子将杂乱无章的环境变得干净整洁，能够将混乱的场面变得有条理，做家务是孩子成长道路上一种良好的家庭教育方式。过往，家长可能更多关注孩子的学习状况，很少让孩子参与到家庭事务当中，孩子理所当然觉得"家务"不是自己分内之事，会产生额外之事"与我无关"的想法。而当家庭劳动融入孩子的生活，成为孩子成长过程中一种常态化的生活内容时，孩子的心性便能够得到一定历练，能够培养孩子更为坚毅的人格特质，能够激发孩子更有创造力的思维。孩子会将劳动中所培养的各种能力品质等迁移到未来的学习工作生活当中，让稚嫩的肩膀变得更有责任感，在面对未来错综复杂的事务时更有信心。

在统筹规划中提高效率。

　　劳动的过程是学会提高效率的过程，整理家务的过程是理顺思路、清空杂念、感受生活小美好的过程。在劳动中，孩子手脑并用，学会合理分配时间，进而提高学习与做事效率。家长尽可能为孩子创设做家务的场景，相信孩子，放手让孩子从自己的生活环境入手，学会统筹规划自己的事情、自己的时间。先从身边小事入手，随之生活、学习变得更为整齐有序，粗心大意、磨磨蹭蹭的现象会慢慢减少。同时，在家庭成员共同劳动的过程中，孩子也懂得了尊重彼此的劳动成果。孩子在合作中成长，在提高生活质量的同时提高生活效率。

给长辈的礼物

　　重阳节到来之际，8岁的小雪在课堂中了解到重阳节的来历和习俗，想在重阳节为家中的爷爷奶奶、外公外婆送上一份礼物，表达自己的心意。但小雪却有点不清楚长辈们的喜好，对于准备礼物这件事十分茫然，便来寻求爸爸妈妈的帮助。听到小雪的想法，爸爸妈妈感到很欣慰，便打算和小雪一起为家中的长辈准备一份特别的"惊喜"。

　　爸爸妈妈引导小雪："我们要一起了解爷爷奶奶和外公外婆的喜好，不一定要选很贵重的，但要用心为他们选取最为合适的。"准备礼物的过程对于小雪来说，无疑是一件无比开心的事情。

　　在爸爸妈妈的引导下，小雪更为关注长辈们平时的言谈，会注意到他们在各个方面的习惯，认真地思考着为每位长辈准备一份什么样的惊喜。在多日和长辈们的相处中，小雪发现爷爷很爱喝茶，而奶奶怀念过去的相片，于是她便决定为爷爷准备一份茶叶，为奶奶准备一份精心挑选的相片纪念册。她发现外公的杯子旧了，决定为外公买一个新杯子；发现外婆喜欢泡脚，特意为外婆选了一个泡脚桶。当然，小雪还打算在每份礼物中配一个贺卡，写上自己的祝福，祝福长辈们平安多喜乐，岁岁常安康。

　　同时，小雪在和长辈们的相处过程中，感受到老年人是十分希望子女们、儿孙们多多陪伴的。"爷爷奶奶、外公外婆平时很孤单的，我在上学，爸爸妈妈在上班，我们在重阳节不如一起陪他们过个节吧！"爸爸妈妈十分赞同小雪的想法，为她连连点赞。小雪还想在重阳节当天，和大家一起做一个蛋糕，于是购买了模具和食材，还看了很多教学视频，期待为家中的长辈们过一个最有纪念意义的重阳节。爸爸妈妈为小雪的用心而开心，也鼓励并帮助她如何根据自身能力挑选质量好的礼物，如何合理地分配自己的零用钱，也教她每日记账的方法。

准备礼物的过程让小雪对家中的长辈们更为了解，也给予长辈们更多的关心与陪伴。在小雪的努力下，家中的长辈们过了一个仪式感满满的重阳节，爷爷奶奶、外公外婆都被小雪的一份心意感动。

案例分析

这是一次值得肯定的感恩教育。案例中，小雪受到课堂的启发，决定在重阳节为长辈们准备一份惊喜。她的爸爸妈妈也在这个过程中给予正确的引导，在既不铺张浪费又充满心意的"惊喜"准备过程中，加深小雪对于长辈们的了解，同时，也提高小雪解决问题的能力，树立正确的金钱观。

准备惊喜，感受过程。

小雪想在重阳节为家中的爷爷奶奶、外公外婆送上自己的一份礼物，却有点不清楚长辈们的喜好，对准备礼物这件事无比茫然，便向爸爸妈妈求助。爸爸妈妈引导小雪平日里关注长辈们的喜好需求等等。在多日的陪伴中，小雪发现了长辈们的爱好与所需，爷爷很爱喝茶、奶奶怀念相片、外公杯子旧了、外婆喜欢泡脚；在悉心的观察中，小雪用心为每位长辈准备"惊喜"。在准备惊喜的过程中，引导孩子意识到"家庭"不仅仅是一个符号、一个象征、一个形式，而是在与家人的相处过程中，逐渐感受到"家庭"的温暖，家庭带给彼此的快乐；同时，也引导孩子学会根据自身能力挑选质量好的礼物，合理地分配自己的零用钱，花心思亲手准备的礼物要比直接花钱买的昂贵礼物更为珍贵。小雪在准备惊喜的过程中，获得更多成长与人生体验。

了解长辈，培养孝心。

小雪在和长辈们的相处过程中，感受到长辈们其实平日里是很孤独的。小雪通过与长辈们相处，懂得长辈们真正深层次的需求是"陪伴"，于是她提议在重阳节陪伴长辈，共同度过一个有纪念意义的节日。精心准备礼物的过程，让孩子能够更加地了解长辈，明白孝顺长辈往往不仅是物质上的给予，更多的是精神上的陪伴。这种发自内心，用行动感受，用真挚、善良去感恩长辈的过程，能够让孩子的人生变得更为丰盈，变得充满愉悦与幸福感。

指导建议

为长辈准备礼物的过程对于孩子来说，是一个很好的培养经济意识的过程。在挑选礼物的过程中，学会精心挑选物美价廉的物品；在准备惊喜的过程中，树立正确金钱观，培养金钱管理能力。

树立正确金钱观。

从小培养孩子树立正确的金钱观，对于孩子的一生都会有所受益。一是让孩子能够意识到金钱并非能够解决一切事情，在金钱的背后会有爱的流动，会有家庭间、朋友间的相互理解与支持，避免让"唯金钱论"破坏孩子与生俱来的纯善本性。二是让孩子能够意识到金钱的来之不易，能够意识到金钱不是"天上掉馅饼"而来，而是需要自己辛勤付出，避免让孩子一味索取而不懂感恩。我们希望每个孩子都能够做生命的主人，而非金钱的奴隶。

培养金钱管理能力。

孩子金钱管理能力学习的第一任老师是父母。在日常生活中，与孩子讨论合理分配金钱的方法，给予孩子可以自主管理使用的零用钱，让其能够自主分配。同时，在一次次分配使用过程中，可以让孩子养成日常记账的习惯，通过其对于金钱等资源的管理规划，提升孩子的自我管理能力和自我约束能力。

我家的"家庭日"

早在五六年前,我家先生通过一段关于李嘉诚的纪实采访了解到:李嘉诚他们一家虽然工作忙碌,但是星期一晚上,一家人一定会一起吃饭。这让他颇受震撼。

在一次吃饭间隙,我们无意间讨论到这个话题,一家人约定把周日规定为"家庭日",也就是说,这一天无论大人和小孩都不能安排其他事情,大家一起活动。为此,我和先生都在上班时间尽量把工作做完,争取不在周末加班,并且每周抽出半小时的时间,提前确定本周"家庭日"的活动主题和内容。

令我们万万没想到的是,自那一次的"家庭日"提案之后,我们已经坚持5年有余,现在还在坚持,我想将来也会持续下去。因为这样的安排,我们在"家庭日"有太多美好的回忆。

我家"家庭日"的活动很多,有时候我们一起准备周日的午餐;有时候我们会围坐在桌旁斟上茶,摆上水果、小吃,谈古论今;有时候也会分享自己的挣扎、纠结、成长与进步;有时候我们相互勉励、扶持,共渡难关……

我家"家庭日"的足迹也很多,家门口的公园、四季风光皆迷人的植物园、科技馆的穹幕电影院、动物园的猴山旁、自然博物馆的展窗外、美术馆的作品前……无不留下我们一家的身影。和女儿在一起的日子,我们不仅收获了快乐,而且亲子之间的关系非常融洽。我和先生也适时地把我们的教育潜移默化地渗透到女儿的内心,让女儿懂得了很多书本中没有的知识。

当然，我们在日程安排上也会遇到挑战，比如与先生的应酬有冲突、与孩子的活动有冲突、与一些学习安排有冲突等，但当我们执意要将这一天腾出来时，这些基本都可以协调，实在调整不了，我们会在这一天的晚一点或者早一点开始。

"家庭日"坚持到现在，把我们一家三口紧紧地联系在了一起，女儿成了最大的受益者，良好的家庭氛围让她成为了一个性格开朗、活泼的快乐女孩。

案例分析

本案例来自一位社区妈妈的口述，一家人设定特定的日子为"家庭日"，每周"家庭日"大人小孩不安排其他事情，大家一起活动。执行的步骤不复杂。首先，每周安排半小时时间，为本周"家庭日"选择主题。其次，集体讨论，确定这一天的活动内容。同时，对届时可能会发生的状况做好预期准备，拟出解决方案。最后，到了这一天，每个家庭成员都兴高采烈地遵守"家庭日"的规则，共享幸福时光。这个家庭的活动安排有几点值得借鉴和思考。

一是仪式感。

家庭教育需要仪式感。赋予一些日常生活细节一定的仪式，它就有了特殊的含义，适当的家庭仪式能让孩子有存在感、幸福感，有利于培养孩子的良好习惯和健康人格，同时增进亲子关系，让一家人更亲近。

二是规则感。

家庭仪式一旦固定下来、坚持下去，就成了一种习惯。通过了解"家庭日"活动规则，孩子们可以学会承担责任，尊重规则。他们可以通过参与活动来体验合作和团队精神的重要性，培养责任感和自律能力。

全家人集思广益构思"家庭日"活动，可以加强亲子关系，培养家庭价值观和责任感，促进交流和沟通，同时创造快乐回忆。这些规则可以给家庭成员带来积极的影响，促进家庭和谐，增进家庭的幸福感。

指导建议

家庭教育需要仪式感。借助一些仪式，让孩子亲力亲为，进而接受家庭通过仪式感传递给他们的价值观。让他们感受到家人的相互在意和深爱，看到家庭的温馨和善良，尊重身边的每一个人，对美好生活心存向往……我们对孩子的爱应该是一场有质量的陪伴，而每周的"家庭日"恰恰是一种重要的体现形式，会让家庭更具凝聚力。

尊重孩子，共同探讨。

在主题和家庭日活动内容的设计上，要充分考虑孩子的意见，家庭成员民主协商，共同制定家庭日活动。家庭日活动的选择，首先应该以孩子的兴趣爱好为前提，建议家长站在孩子的视角，平等对话，倾听孩子的心声，了解孩子的想法，尊重孩子的兴趣，与孩子商量，多让孩子选择。其次，还要依据孩子年龄特点和身心发展水平选取适合的活动内容，孩子对未知世界充满好奇，喜欢探究，但常常半途而废，如果父母能用孩子的眼光去看待世界，理解孩子的内心感受，做孩子探究的帮手，就能激发孩子探究的热情，使探究成为一种学习的过程。

倾情投入，积极陪伴。

有效的陪伴是孩子健康成长的保障。家长要了解孩子各个成长阶段的需求以及个性差异，发现孩子成长的问题，营造和谐的家庭氛围，学会共情、共享与共处。对于父母而言，有效的陪伴不仅意味着时间与精力的投入，还需要理解陪伴的意义，掌握陪伴的方法，获得陪伴的能力。在陪伴孩子的过程中，父母要学会观察孩子的身体状况、思想动态，了解孩子的兴趣爱好，知道孩子在想什么，需要什么，尤其要体察孩子身体、思想的变化与异常，对孩子进行引导，使他走向正确的方向。

外公外婆的结婚纪念日

外公外婆结婚 40 周年的时候，我和爸爸妈妈策划了一场盛大的纪念日活动。准备活动从两个月之前就开始进行，妈妈为他们购置了情侣装，爸爸制作了小视频，我学唱了一首新歌。在一系列的准备工作中，制作视频可是最复杂的一项任务了，我们全家齐上阵才完成了这份令人满意的礼物。

要制作小视频，首先要收集素材。我和妈妈翻箱倒柜，找出了外公外婆以前的老照片。那些泛黄的照片里，外公外婆可真年轻啊！后来照片里就多了我的妈妈，照片也变成了彩色的。有过年吃年夜饭的，有出去旅游的，有送妈妈上大学第一天的合影，还有爸爸妈妈结婚时候的全家福……后来就有了我，我从一出生就和外公外婆生活在一起，妈妈用手机记录下了我的成长，也记录下了外公外婆的操劳。我指着照片问妈妈："你有没有觉得外公外婆突然就变老了？"妈妈也有同样的感慨。于是，我们沉默了。我在心里默默下决心，一定要更加听话，好好孝顺外公外婆。

妈妈找到了很多照片，接下来就是爸爸登场了。可是爸爸在制作之初，就遇到了困难：照片那么多，要如何取舍呢？爸爸给我布置了一个小任务，让我采访一下外公外婆，问一问他们人生的高光时刻。外婆说："有孝顺的女儿，又有这样乖巧的外孙女，就是外婆最骄傲的事情。"外公说："一家人这样开心地生活，就是最幸福的日子。"爸爸以"家人"为主题，把外公外婆的照片按照时间顺序进行了编辑，还把我采访到的外公外婆的原话也放进了视频。

我们把纪念日活动的地址选在了很有老上海风情的大酒店。纪念日当天，外婆很感动，说年轻的时候没有那么好的条件在大饭店办喜酒，今天算是补上了。在播放视频的时候，我看到外公的眼里闪着泪光，外婆早已感动得泪流满面。我演唱了歌曲《天之大》："天之大，唯有你的爱，是完美无瑕……"歌曲久久回荡在我们每个家人的心田。

案例分析

生活中，为长辈庆祝纪念日，是我们比较常见的家庭活动。本案例选自一个小学生的作文。案例中，爸爸妈妈带孩子，共同为外公外婆庆祝结婚纪念日，尤其他们精心准备的礼物，让我们仿佛置身于那个温馨、浪漫的时刻，也让我们体会到了晚辈的用心以及长辈的欣慰。

特别的日子，特殊的记忆。

结婚40周年一般我们称为"红宝石婚"，寓意婚姻像宝石一样珍贵润泽，而生活在岁月的打磨和彼此的付出中晕染出了夺目的光泽。案例中的晚辈为长辈庆祝"红宝石婚"，是一个非常有仪式感的活动。也正因为这个仪式感，让整个家庭的幸福感爆棚，对每个家庭成员都有触动，从而形成特殊的记忆。每每回想起这些温馨的画面，都能促进家人之间的情感流动。尤其对于孩子，从小习惯被家人的爱包围，往往会忽略身边的人，因此，需要通过一些仪式，让他们感受和领悟到家人的意义。父母还要引导孩子让他们学习爱的回应和爱的表达。

特别的礼物，特殊的体验。

案例中，父母和孩子一起制作礼物的环节，很值得提倡。首先，礼物的选择需要用心。和孩子一起挑选礼物、购买礼物，是很好的亲子互动。但是在物质生活极为丰富的今天，能够亲手为家人做一件有特殊意义的礼物，更能显示真挚的用心，也更能给孩子带来不一样的触动和收获。其次，全家参与礼物制作，孩子在过程中的体验更为重要。视频制作的每个环节，家长都对孩子进行了有意识的引导，让孩子自己去体会和领悟。选照片的时候，孩子对生命周期有了概念，也更好地了解了老一辈的生活历程，体会到家人的付出，主动发出要好好孝顺长辈的感慨。虽然视频制作环节对孩子来说有点困难，但爸爸还是想办法让孩子参与其中，让孩子感受家人的重要性，思考家庭对人生的意义，这何尝不是一次最好的生命教育。

指导建议

　　家庭活动在策划组织的时候，家长需要考虑很多，比如活动的效果、家人的感受、孩子的参与等等。尤其是一些特殊的家庭纪念日，预期会给孩子留下很深的印象，更需要家长引起重视，有意为之。以下两点可供参考。

第一，重视孩子的深度参与。

　　家长要跟随孩子的成长，以孩子适应的方式陪伴他们，使其在参与中获得能力的提升。广泛而有深度的体验和参与，能够直接锻炼观察力、策划力、执行力等，能间接培养反思力、共情力、转化力等，能积极促进孩子在认知、行为、情感、思维以及社会性等方面的全方位发展。家长要给孩子足够的时间和空间，选择和设计符合孩子身心发展规律和能力发展水平的环节，循序渐进地引导。而孩子在实际参与过程中，家长应尊重孩子的参与权，使孩子成为参与的主体，尽情地探究和尝试，体验成功和失败，让孩子在有充分的获得感的同时，责任感应运而生。

第二，重视孩子精神需求的满足。

让家庭生活流淌着爱，让孩子感受到爱，是孩子成长最大的底气。物质基础固然重要，但对孩子来说，家长给予的精神上的支持同样是必需和必要的，能让他们更有归属感和安全感。家长的爱抚和拥抱、家人之间的关心和陪伴，都是爱的表达，孩子同样会以亲密的互动来表达和回报爱。家长应关注孩子的表现，及时肯定和鼓励，有助于孩子形成自信、果敢、独立等精神品质，成为乐于探索、勇于付出、敢于担当的人，未来拥有健全的人格和幸福的生活。

我家的"家庭电影节"

　　仔仔爸爱看电影，以前没有智能设备的时候，他就喜欢购买电影光碟，家里收藏了几百张经典电影的碟片，对很多电影的内容可以说是如数家珍。仔仔小的时候，爸爸会带他看一些电影片段，会经常和仔仔一起玩电影角色扮演游戏，"变形金刚变形记"就是仔仔幼时最爱玩的游戏之一，仔仔爸还经常将角色扮演游戏录制下来并剪辑制作成小电影。后来等仔仔的弟弟稍大一些，家中经常会上演"星球大战"……

　　随着哥俩年岁渐长，慢慢地，只要没有特殊安排，周六晚上一家人围坐在一起观看电影成了固定"节目"。在这些年的"家庭电影节"观影经历中，让人印象深刻的是看完电影《星际穿越》后父子俩之间的热烈讨论。

　　刘慈欣所著的《三体》掀起了科幻热潮，它也是喜欢科学的仔仔爱看的小说之一。在看《三体》的过程中，仔仔就经常跟爸爸讨论关于多维折叠的概念、外星人入侵的可能性以及文明的兴起与衰落等话题。在闲聊的过程中，爸爸突然想起以前曾经看过的一部电影《星际穿越》，与两人讨论的内容有很大关联。于是，周六的家庭电影节立马安排上《星际穿越》！当健谈仔遇上兴趣点，观影之后有一段时间，父子俩就围绕着时间与空间连续体展开了"没完没了"的讨论。爸爸感叹："学习并不总是发生在书桌边，它应该是多维度的。兴趣是最好的老师，作为家长，我们要做的是提供引导与支持。"

案例分析

案例中的仔仔是个外向健谈的 12 岁男孩，爱好阅读，知识面比较广，在看电影时会有比较多的联想与思考，因而也时常会引起家庭成员的讨论。很多时候，电影可以作为一种有效的教育载体。在很多经典电影中，折射出教育的思想和价值观念等，蕴含着家庭教育的核心理念或者是操作方法，对于我们如何做家长有很多可以借鉴的地方。本案例中，有如下几点值得思考和借鉴。

第一，以轻松互动代替耳提面命。

很多时候，父母想要跟孩子讲述某些道理、传递某些价值观，孩子会感到厌烦或拒绝，但影视作品可以帮我们实现这种目的，轻松的观影体验和讨论更容易被孩子接受。很多事情，耳提面命没有多大用处，但电影中所蕴含的思想和理念，会在观影过程中对孩子的人生观、价值观和世界观等产生潜移默化、润物无声的影响。那些想让孩子知道，但直接说教效果不佳的道理，抑或是想让孩子理解的东西，可以通过一起观影让孩子知晓。

第二，父母的选择和引导不可缺。

看电影在家庭教育中有着独特的影响和作用，但在影片内容的选择上，还需要家长的选择和引导。如案例中的孩子平时爱读科学方面的书籍，家长选择了他感兴趣的《星际穿越》科幻电影，激发了他更深入探索相关知识的热情，阅读其他科幻书籍。因此，家长可以有意识地引导孩子观看契合其兴趣或特长、符合孩子特点的电影。

指导建议

美国曾有研究者直言,在现代社会中,对大众道德价值观念产生影响和反映最深刻的已不再是传统的文本作品,而是大众传媒。同理,流行的教育题材电影对大众教育观念带来的影响或者说反映的教育现状可能比文本作品深刻得多。在家庭中组织共同观影活动,在电影中感受不着痕迹的教育,会带给我们一些感悟。

首先,用心创造亲子联结的机会和方式。

随着孩子年龄渐长,开始走向独立,父母有时会觉得与孩子之间有了距离,孩子的话越来越少,亲子间的沟通产生了困难。这种时候,通过一部大家都感兴趣的影片,在温馨轻松的氛围中进行一些讨论,也就创造了沟通与交流的机会,在润物细无声的引导与教化中,拉近了父母和孩子的关系,增加了亲子间的共同语言。所以亲子之间的联结与沟通,需要父母用心、用时间、用智慧去创造。共同观影、亲子共读等都可以作为沟通与联结的载体,建立好的亲子联结,才是父母爱孩子的正确方式。

其次,用心营造亲子活动的仪式感。

《小王子》一书中曾讲过:"仪式感就是使某一天与其他日子不同,使某一时刻与其他时刻不同。"培养仪式感就是用心对待生活中那些看似平凡的小事。生活并不总是有趣,大多时候是平淡无奇而又匆匆忙忙的,这时仪式感就显得特别重要,它让人用庄重认真的态度去对待生活里看似无趣的事情。将某个时间固定下来,比如每天睡觉前亲子共读半小时、每个周六看部电影、每个月一次骑车远行……孩子长大后可能会忘记看了什么电影,读了什么书,但一定会记得与家人在一起的温馨时光。

小策划

为家人筹备一场生日会

对于每个人来说，生日和其他日子是大不相同的。过生日的人在这一天会收到祝福、鲜花、蛋糕，还有很多的爱。为家人筹备一场生日会也是表达爱的方式，看到全家人开开心心齐聚一堂，那是满满的幸福。

今年，请试着为家人筹备一场生日会吧！

生日会活动方案

一、确定时间和地点

时间：_____

地点：_____

二、拟邀请人员

邀请人员：_____人

邀请信息：

_____

_____

_____

三、生日会物料准备

清单（如伴手礼、生日蛋糕、饮料、零食等）：

_____

_____

_____

四、生日会议程

1. _____

2. _____

3. _____

还有哪些需要准备的呢？请试着完善这份策划案吧！

3

社区实践篇

全家总动员　一起做志愿者

有人说，一家人一起做同一件事是幸福美好的。一家三口都在持续参与志愿服务的王女士，对这句话有更深的感悟。

2011年起，王女士开始积极参加社区和学校组织的各类公益活动，在她的带动下，儿子小明和丈夫江先生也走上了志愿服务之路。每次活动，王女士都会把小明带在身边，让他见见世面，受受教育。因为她知道，公益的核心是唤醒良知。如今，全家志愿服务累计时数已超过1500小时，为社区和学校的公益活动贡献着"小家"的力量。

在参与学校的公益活动中，王女士志愿服务的脚步还曾到达一些比较偏远、落后的地方，小明跟随母亲，接触了很多人群，也看见了更大的世界。"他回来后感触很深，带着他走出去也是不同的社会体验，孩子也变得更自信。"王女士说。

在适当的历练下，小明逐渐成为了爱心义卖、周末社区志愿活动的"常客"。从2019年开始，初二年级的小明跟随妈妈加入社区的禁毒义工服务队和反诈服务队。在队伍里，小明锻炼出演讲、演戏剧等技能，成长为队伍里最年轻的主力。"像我们学校就有禁毒义工，会发动学生去朗诵、演讲、演戏剧等，参加这样的志愿服务活动也成为我课外的一个爱好。"小明说。

都说陪伴是给孩子最好的礼物，在工作之余，江先生也会抽出时间跟着母子俩一起做志愿者。社区里，时常能够看见一家三口做志愿者的身影。

在说到做公益的心得时，王女士说："最大的收获就是帮助了别人，更快乐了自己。带着家人做这件事，让我们的家庭氛围更加融洽，同时，也为儿子上了一堂特殊的德育课，一举多得，我们一家会一直坚持下去。"

案例分析

本案例中，一家三口通过实际行动践行着生活的真谛，用公益服务诠释着幸福的含义，用真情付出贡献着一个小家庭的爱心和力量，有两点值得借鉴和思考。

一是以身作则。

家长是孩子的第一任老师，是孩子学习的典范，家长在活动中所表现出的责任感和奉献精神可以成为孩子最好的学习样本。本案例中的王女士在参加各类公益活动时都会带着儿子小明，在母亲的感染下，一颗真善美的种子逐渐在小明心里发芽，增加其主动助人的行为。

二是共同成长。

志愿服务为家长和孩子都提供了成长的平台。在助人的过程中，孩子能从他人身上发现正能量的反馈，深刻体会"赠人玫瑰，手留余香"的含义。在本案例中，小明不仅收获了助人的喜悦，更在助人的过程中锻炼能力，不断提升自我。

指导建议

志愿者精神并不是人固有的，而是从实践中逐步获得的。家庭教育、学校教育和社会氛围都是培养志愿者精神的重要因素，其中家庭教育的影响尤为重要。父母是孩子的第一任老师，一言一行都会对孩子产生深远的影响。家长以身作则，带领孩子一起参与志愿服务，对于培养孩子奉献、友爱、互助、进步的志愿者精神会有很大的帮助。

端正孩子做志愿者的动机。

青少年时期，正是孩子自尊心、进取心都很旺盛的阶段，他们做志愿者的初心也许是因为对新鲜事物的好奇，或是为了表现自己的与众不同，又或是仅仅为了完成老师布置的参加社会实践的任务，并非真正理解志愿者精神。在带领孩子参加志愿服务活动前，应当帮助参加志愿服务活动的孩子理解志愿者精神，为孩子做好志愿服务的岗前培训。

身体力行做孩子的志愿榜样。

家长要认识到自己在志愿者活动中的角色。有些家长和孩子一起做志愿者，只是为了达到教育孩子的目的，认为自己仅仅是陪伴的角色，这种想法会使亲子志愿者活动流于形式。因此，在参与志愿服务过程中，我们一定要有主体意识。家长是孩子的榜样，只有家长身体力行，才能对孩子产生积极的影响。

一小时自然时光

  雨后的夏日黄昏，放下一周疲惫的工作学习生活，小亮的爸爸妈妈决定带小亮到家门口的社区，静心体验一小时的自然时光，自然中总会有不期而遇的惊喜。12岁的小亮平日里常常穿梭于学校与家庭之间，对于自己生活的社区似乎没有太多了解，对于社区中的动植物也很少关注。在今日一小时的自然时光中，小亮的爸爸妈妈决定带小亮探寻社区中动植物的奥秘，他们带着放大镜、相机出发了……

  妈妈提议每一次的一小时自然时光，每个人都为自己起一个"自然"的名字，度过与自然融为一体的一小时。妈妈为自己取名"仙草"，爸爸为自己取名"杨树"，小亮为自己取名"风信子"。一路上，小亮和爸爸妈妈带着"自然"的名字，闭眼感受了夏日雨后清新的味道，聆听了社区不同的声音，发现了在石头缝中极力生长的小草、在花池边攀爬着的蜗牛、在花丛中随风而动的蒲公英、在鼓起小包的泥土中打滚的蚂蚁……遇到喜爱的一处景，小亮随手拍下来，留作纪念。

  当看到几只蚂蚁后，小亮好奇："蚂蚁的家在哪里呢？"带着疑问，小亮一家静静地看着它们爬去的方向。这时，妈妈神秘地从兜里掏出一个"宝贝"撒在地面。慢慢地，小亮发现越来越多的蚂蚁从一个小山包似的土包中聚集而来，大家找到了蚂蚁家族的秘密基地。"这是为什么呢？妈妈，你放了什么神奇的宝贝引来这么多的蚂蚁？"小亮既兴奋又惊喜地看着地上越来越多的蚂蚁，疑惑地问道。妈妈说："蚂蚁爱吃甜食。"小亮立马明白了："那一定是白糖。"在不断地追问"为什么"的过程中，一家人积累了很多知识。

随后，小亮拿着放大镜观察着每一个细微的生物，花池旁的一个小生物让小亮尖叫："我发现了惊天大秘密，这里有一只小生命。"看到一只蜗牛时，小亮也想到自己在《十万个为什么》书中读过的"为什么小蜗牛要背着一个'房子'"，滔滔不绝地为爸爸妈妈讲述他所知道的知识。小亮想拿起蜗牛近距离观察一下，却发现它的"吸盘"牢牢地吸在原地，这是为什么呢？爸爸妈妈为小亮讲述着蜗牛的神奇之处。

愉快的自然一小时，小亮的爸爸妈妈与小亮在惊喜与发现中度过，在观察与体验中度过，为枯燥乏味的生活增添一丝乐趣。自然万物在小亮一家的眼中，不再是书本上单一的、静态的形象，呈现的是多元的、动态的形象，是一个值得探索的神秘空间，他们静心感受着"家门口"的自然带给他们的馈赠。

案例分析

孩子长期生活于钢筋水泥构成的都市社区中，很少对于自己所处的自然环境加以关注和了解。案例中，小亮长期穿梭于家庭和校园间，对于自己的社区自然环境了解和观察的机会甚少，他的父母就近取"材"，在"家门口"的社区自然环境中，带小亮体验"一小时的自然时光"，在观察、感受、互动中共同成长，激发孩子的求知欲，培养孩子主动思考与提问的能力，借此使得家庭氛围更加融洽。

引导发问，主动思考。

孩子的成长过程中往往需要"是什么、为什么、怎么样"的发问，这些发问可以使孩子始终保持一颗好奇心，激发孩子的探索欲与求知欲。案例中，在一小时的自然时光里，小亮的妈妈在出发前提议"每一次的一小时自然时光，每个人都为自己起一个'自然'的名字"，这个提议拉近一家人与自然界的距离，引导亲子家庭放下自己的社会身份，并在每次的自然时光中思考新的自然名字，激发孩子主动思考、学习自然界的名称，让孩子对于自然万物有更为广阔的认知与探索。当看到几只蚂蚁后，小亮一家在思考"蚂蚁的家在哪里呢?"这一问题时，妈妈用"白糖"引导大家一同发现了蚂蚁家族的秘密基地，在不断探索的过程中对于"蚂蚁"有了更多的了解，也有了后续的思考，了解到蚂蚁家族是十分喜欢"甜品"的。之后，小亮想近距离观察一下小蜗牛，却发现它的"吸盘"牢牢地吸在原地，对此也有了一定的思考，思考小小的蜗牛为什么会是这样的? 爸爸妈妈也在与小亮的探讨过程中共同成长。孩子对于新鲜的事物有很强烈的好奇心与探索欲，每个小朋友似乎都有一个"探险家"的梦想，父母在陪伴孩子成长的过程中，万万不可磨灭了孩子的探索欲望，也尽量避免给孩子以直接生硬式的回应，可在与孩子共同探索的过程中，做到耐心倾听孩子的心声，引导孩子积极发问、主动思考，为孩子创设探索的空间与机会。

　　观察感知，自然联结。

　　自然教育是一个亲子家庭与自然建立联结的良好方式，同时也是以"自然为师"营造良好家庭氛围的良好策略，在自然中孩子可以充分观察、感知万物，与外界建立更多的联结。案例中，小亮长期穿梭于校园和家庭间，繁忙的功课也让小亮长期埋头书本，对于自己生活的社区了解甚少。父母充分挖掘社区资源，以自然教育为媒介，抽出一小时的时间在"家门口"的自然环境中进行引导，充分触发孩子的"五感"，让孩子能够充分释放潜在能力，仔细观察自然界，发现自然界中的美好。具体来看，一是工具准备。小亮一家在出发前，准备了放大镜、照相机等工具，以便孩子能够更专注地观察自然界的生物，记录看到的美景。二是五感运用。五感运用是刺激孩子感官系统全面开放的重要方式。案例中，小亮一家"闭眼感受了夏日雨后清新的味道，聆听了社区不同的声音"，充分调动嗅觉与听觉系统，让孩子能够充分感知到夏日雨后自然界独特的味道，静心聆听外界的声音。在用放大镜观察蚂蚁、蜗牛、小草、蒲公英的过程中，充分调动视觉系统，大自然是打翻了调色盘的艺术家，在自然万物多重色彩、多重动态的感知中，充分提升孩子的观察力与专注力。在触摸小蜗牛的过程中，也触发了孩子的触觉系统，让孩子对于事物的认知不再是平面静止的，而是立体动态的。自然界是孩子最好的老师，亲子家庭在自然中感知单纯质朴的快乐，感受自己与自然万物的联结，提升了家庭的幸福感，营造了良好的家庭氛围。

指导建议

在碎片化、信息爆炸的时代，人们往往很难专注地观察一件事情，很少有机会能够静心仔细地观察、体悟生活。亲子家庭和谐关系的构建，可以在生活互动过程中培养孩子的兴趣点，在生活体悟中引导孩子提升观察力，提高敏锐的观察力，能够让孩子在未来的人生道路中变得更为睿智，也能够滋养孩子"酸甜苦辣咸"的人生旅途。

在兴趣培养中提升观察力。

兴趣的培养能够持续提升孩子的观察力，让孩子专注地观察一件事，并能够全面深刻地理解事物的本质。兴趣在日常的陪伴关怀过程中，能够源源不断地给予孩子力量。孩子往往难以专注于一件事物，与其没有兴趣的内在驱动有较大的关系。兴趣的培养往往来源于对周遭生活的细心观察，对生活细致入微的观察更容易让孩子感知生活带来的小确幸。作为家长，要在亲子间的互动中不断激发孩子的兴趣，挖掘孩子的兴趣点，让其在感兴趣的事物中获取更多的成就感与自豪感。兴趣能够为孩子的一生带来更为持久、深层次的快乐。

在生活体悟中提升观察力。

对生活的体悟能够提升孩子的观察力，而敏锐的观察力也让孩子能更好地找寻人生的意义，树立正确积极的价值观念。在孩子成长的过程中，如果缺少对于成长的环境的体悟与感知，单从书本上获取一定的知识，往往会限制孩子的好奇心与想象力。通过类似自然教育的生活体悟形式，能够让孩子亲身体验，身临其境地感知万物，进而提升其观察力。同时，父母与孩子观察事物的角度、方式、立场、观点也往往有所不同。作为家长，要常站在孩子的角度，征求孩子的意见，对于孩子的疑问要耐心倾听、悉心解答，对于孩子的惊喜发现要及时表示赞美与认同，尽量避免打断孩子专注的时刻，在与孩子共同探讨的过程中帮助孩子逐渐提升观察力，形成自己的价值观。

"纸"因学习而精彩

案例描述

外婆的床头放着一盏我和妈妈一起制作的手工灯。灯罩的纸是我亲手做的，上面的"十里桃花"是我亲手画的。外婆说，每当打开灯，柔和的光透过古朴的纹理照亮房间的时候，总让她感到特别的温暖。

因为这个手工灯，我和社区学校的"古法造纸"有了不解之缘。当时，我还是一个二年级的小不点。一次偶然的机会，我和妈妈一起参加了社区的非遗体验活动，制作了那盏手工灯。在上课的过程中，老师和我们讲，做灯笼的纸都是老师们亲手做出来的。造纸术是我国的四大发明之一，古法造纸是一种原生态的造纸技艺，每一道工序都体现着匠人精神。我被深深吸引了，积极报名参加了许多系列的学习和体验活动。从花草纸、白皮纸到金箔纸，从造纸、剪纸到撕纸，随着年龄的增长，我在社区体验的非遗传承课程越来越丰富多样，真是"纸"因学习而精彩。因为坚持在社区学校学习，我逐渐成为了社区学校的常客，慢慢变成了小小志愿者，参与到小朋友的体验课程讲解和示范中。每当看到小朋友小心翼翼又迫不及待地展示自己作品的时候，我的心里充满了快乐和力量。

我想让更多的小朋友知道中华文明的博大精深，我想带更多的小朋友体会非遗文化的独特魅力，我还想有更多的小朋友能走进社区学校快乐学习。

案例分析

案例内容改编自一位社区学校小学生志愿者的发言稿。案例中，我们看到一个孩子在社区学校非遗传承体验活动中的收获和成长。

走出家门，亲身体验。

案例中提到的"古法造纸"是社区学校 2016 年从贵州引入的非遗项目。社区校园辟出 200 平方米建设造纸体验基地，精心设计常态化体验项目和专题性体验活动，让社区居民不用跋山涉水，在社区里就能近距离感受非遗文化的独特魅力，传承祖先智慧，感知古人"天人合一"的思想，同时学习低消耗环境、与自然和谐共生的生活智慧。上海市各街（镇）社区学校以及文化馆、博物馆等公共文化服务场所，建立了星罗棋布的体验基地、体验点，这些遍布在家门口的"好去处"，能够让家长和孩子在体验中，具身感知传统文化的魅力，切实收获有趣、有用又好玩的知识。

传承创新，共同成长。

社区学校的非遗传承体验活动都是从造纸开始的，但又每每创新，使传统工艺与现代生活跨界组合，使社区活动与家庭教育深度融合。比如静待花开，亲子家庭共同培育一粒种子从入土到开花，并将绽放的花朵定格在古法造纸上，制成工艺品保存，旨在让亲子家庭共同感受生命的美好，体验传统文化和现代美学的魅力；纸墨书香，把方方正正的汉字用油墨印在自己制作的白皮纸上，同步探索古法造纸和活字印刷两项中华文明；点亮心灯，学习制作白皮纸，待纸干后运用多种艺术方式创作设计灯面，再在老师的指导下制作一盏独一无二、满怀自己心意的手工灯，送给最爱的家人。社区学校的亲子非遗传承体验活动，能达到传承非遗文化、弘扬民族精神、增进亲子关系、提升综合素养等教育目的，同时，它也是市民参与社区的媒介和载体，尤其在培养社区意识、增强社区归属感等方面有着深远的意义。

指导建议

如何让市民走进社区，乐于参与社区活动，是我们社区教育工作者在策划组织活动时首先要考虑的问题。社区学校的"古法造纸"项目给了我们很好的启发和借鉴。

沉浸式学习，提升市民社区参与的吸引力。

社区文化感悟、技艺传承类的学习活动，需要有高体验性和参与性，才能迅速抓住市民眼球，吸引各年龄段人群参与。时下兴起的沉浸式体验，营造浓郁的氛围，极具代入感，让人们在活动时完全投入情境中，注意力集中，收获最大的愉悦感。社区一旦有了口碑项目，口口相传，就能起到很好的引导和带动作用，引起市民的关注、认同，进而就会有参与感和归属感。

活态化传承，提高市民社区参与的黏性。

一项"非遗"项目的引进，在初期可能会有较高的关注度，但时间一长，社区居民的新鲜劲会逐渐淡去，学习兴趣和参与热情就会下降。所以，我们要在秉承传统、不失其本的基础上，活态化传承，找准传统工艺与现代生活的结合点，主题式持续性地进行项目开发和活动实践，引导市民深入体验、持续探究，提高市民社区参与的黏性。长时间在一个点上深耕，产生的品牌效应会达到一定的"圈粉"效应，引发部分市民对社区从好奇发展到热爱的态度转变，实现对社区情感的累积，将社区参与从自决行为转变成自觉行为。

社区非遗体验课——"陶"醉石库门

案例描述

　　上周，社区学校组织了一场亲子非遗体验课——"陶"醉石库门，共有20个亲子家庭参与了彩色软陶冰箱贴创作的手工活动。本次活动旨在让家长和孩子一起体验陶艺制作的乐趣，通过制作石库门造型的软陶作品，带领孩子了解极富上海代表性的建筑，感悟传统文化和美学知识，同时，也可以培养孩子的动手能力、想象力和耐心等，增进亲子之间的互动和了解。

　　活动现场，老师首先播放了关于石库门的微课程，详细地介绍了石库门的历史背景、特点和构造原理，激发大家对石库门的兴趣和情感。老师还在屏幕上展示了石库门的高清图片和之前制作完成的石库门软陶作品，让孩子们观察石库门的形状、纹理、花饰等细节，和家长一起发现和讨论石库门门头的基本元素以及元素代表的文化含义。接着老师向大家演示软陶制作的基本步骤，并制作石库门的基本造型，示范如何使用工具进行门头结构的修饰。由于软陶有非常丰富的颜色，老师还引导大家学习色彩搭配的相关知识。孩子和家长开始自由发挥，根据自己的设计想法和创意，用软陶逐步塑造出石库门的形状和细节，门框、门头、门扇、门把手……大家既遵循石库门的建筑特征和传统形态，又大开"脑洞"，用创意彰显自己的艺术个性。在制作的过程中，家长和孩子一起交流，互相启发；一起动手，互相配合；一起赞美，互相欣赏。软陶作品经过烤箱高温加热，即可以"烧制"成功，背面粘上吸铁石，"石库门"冰箱贴就大功告成了。

　　不仅是孩子，家长们都对自己的作品爱不释手，各种拍照，发"朋友圈"，称这是"最上海"的亲子手作。回到家，孩子们迫不及待地把"冰箱贴"贴在冰箱上，引得家中长辈们的一片赞扬，还引发了长辈们对过往生活的回忆，讲起了石库门前的故事。

案例分析

　　体验学习是当下时兴的一种学习方式，很多家长会为了开发孩子的动手能力和专注力，带着孩子去进行各种手工体验。本案例中对于体验学习活动的设计，更加注重体验项目的传统文化属性和城市文脉传承。将非遗传承项目与上海城市文化标志相结合，加入亲子元素的设计，赋予了社区体验活动更加丰富的家庭教育内涵与价值。

非遗技艺体验。

　　软陶是极具传统艺术韵味的非物质文化遗产项目，参与学习体验的家长和孩子可以一起通过揉泥、成形、修坯、烧制等程序，共同体验这一项目的魅力。在这个过程中，家长与孩子通力合作，一起开心地"玩泥巴""搞创作"，齐心协力解决遇到的难题，最终共同完成一件作品。孩子在了解软陶这一非遗文化相关知识并提高动手能力的同时，在活动中加深对家长的感情与信任，成功完成的作品不仅可以给孩子带来获得感和成就感，也可以成为家庭成员共同的美好经历与回忆。

城市记忆体悟。

　　石库门是上海城市发展史上最具符号化的建筑形式，曾经是上海民居的典型代表。社区是每个孩子生活和成长的地方，现代城市社区的改造让很多孩子对上海传统建筑石库门缺乏了解，也很难理解它所包含的城市记忆。通过参与社区体验课程，让孩子有动力主动去了解石库门，了解石库门背后的上海城市历史与文脉传承，在动手体验的同时，家长与孩子可以一起深入感知石库门融合中西建筑特点的特殊结构及其建筑美学，也进一步理解中西文化交融的上海以及海纳百川的上海城市精神，培养孩子对自己生活的这座城市的热爱，并进一步推动上海城市记忆的传承。

指导建议

成功的社区亲子体验课程需要专业策划和认真组织，在活动前、中、后各个环节用心安排和关注，尤其在课程开发上，社区教育工作者要对课程的目标有准确定位，对参与对象的需求有准确把握。

社区的亲子体验课程既要有知识传播，更要有情感流动。

区别于非遗传承课程，亲子体验课程对于精湛技艺的传承要求可略微降低。同时，因为参与者年龄层次不同，或以年龄较小的孩子家庭为主，所以在工艺流程上可以简化，达到体验的效果即可，对作品的制作也要适当降低要求。而教师和组织者要更重视对创作主题的策划和对手工作品的选择，充分体现出时代的特征和社区的特色，注重对孩子正确生活观的教育，注重对家长正确教育观的引导。参与社区活动，融入城市发展，发现生活的美好，更加爱家人，爱生活，爱生长的城市，爱自己的国家和民族。

社区的亲子体验课程既要有结果式的满足感，又要有过程式的获得感。

社区教育工作者要对亲子体验课程的开发进行积极反思，课程目标要凸显孩子、家长和家庭的主体性，让市民有更多更好更深的获得感和幸福感。体验课堂上，家长和孩子共同完成的作品往往会引起一时的成就感，我们说这是结果式的满足。亲子互动中有更多过程性的收获需要家长关注和重视，这些也需要社区教育工作者们进行积极引导。除此之外，我们还要通过课程和活动过程，对家长的教育观进行正确的启发，体现教育人的专业，实现教育人的初心。

艺术家庭日之雕刻时光

　　这是我们第二次参与社区"艺术家庭日"活动。在之前"雕刻时光"主题的亲子活动中，女儿和我体验了玩泥巴的乐趣，还学习了雕刻的相关手法，并创作完成了一件作品，社区学校的老师们精心上色，真的把我们的作品烧制成功了。女儿特别开心，我也感到从未有过的成就感，仿佛每个人都可以成为艺术家。可能是因为我们的表现良好，这次被选中参与社区学校的新活动。这次活动共邀请了 12 组家庭，要我们以家庭为单位在统一尺寸的泥板上设计、雕刻出社会主义核心价值观的一个词组，共同组成二十四字社会主义核心价值观，烧制成瓷砖。届时还会将瓷砖真正装饰在我们社区的一角，所以活动的意义就更不一样了。

　　我们如约来到社区学校，这次我和女儿都明显少了第一次时的紧张，看到里面的老师也多了一些亲近的感觉。校长讲清楚了活动的目的和规则，看得出来校长是位很有经验的老师，所以把各个年龄段的"学生们"都管得服服帖帖。

　　选择哪个词组来进行创作，这是我们遇到的第一个问题。12 组家庭的孩子们年龄各不相同，有幼儿园的小朋友，有看着像初中生的大孩子，还有像我女儿一样的小学生。孩子们的性格也有很大的不同，有些孩子特别外向，叽叽喳喳，跃跃欲试；而有些孩子则沉默寡言，默不作声。校长请大家安静下来，公布了抽签规则，12 张纸条各写了一个词组，每个家庭派代表进行抽签。孩子们纷纷作为家庭代表上讲台抽签。女儿凑近我悄悄地说："这才是最公平的办法。"

女儿笑嘻嘻地回到座位上，看来她对自己抽到的"自由"这个词很满意。说实话，社会主义核心价值观的每个词都比较抽象，要在四四方方的泥板上进行诠释，真的很有挑战性，更何况像我这样没有任何美术基础的小白。虽然自己没信心，但是对孩子要有足够的信心。我们永远不能低估孩子的能量。"我先来写两个字。妈妈，你用手机帮我查一下颜体的'自由'怎么写。"女儿因为从小练习书法，对写字自信满满。"我们再在旁边刻上一些小鸽子，鸽子展翅飞翔代表'自由'。"她在调色板上挤上了最近比较喜欢的橙色，准备写字。我提醒她要不要先在纸上打个草稿，于是她举手问老师要来了纸。一切都很顺利，女儿在泥板上写好字，用竹签打出字的轮廓："妈妈，我们这次是用'阴刻'还是'阳刻'?"我突然意识到艺术带来的挑战。"阴刻"只要把字的部分铲掉，"阳刻"则需要把字以外的部分都铲掉。"哪种效果好呢?"我问。"肯定是字凸出来好看啊! 我们用'阳刻'吧!"要把泥板平整地铲掉，费时费力，但为了作品效果，我还是接受了女儿的提议。这个步骤对孩子来说难度太高了，于是我说："放心吧，小设计师，这个交给我，保证完成任务!"

其他家庭也都热火朝天地创作着。因为孩子年龄的关系，有些家庭以家长为主，有的"社牛娃"开始串起了"门"。一个小妹妹看女儿写毛笔字，很好奇，问女儿能不能帮忙把他们家的词给写了。一开始，我以为女儿会拒绝，毕竟第一次见面，而且作品之间可能还会有点竞争的意味，没想到女儿爽快地答应了，我顿时对自己落落大方的女儿有了新的认识，朝她竖起了大拇指。等她回来，我们的铲泥工程初见成效。女儿开始用铲下来的泥捏"鸽子"。在老师的建议和指导下，她用搓、压、刻等方法，做成了几只自由飞翔的"鸽子"，装饰在泥板上。

别看一块泥板两个字的内容，我们用了整整两个小时的时间。其他家庭也陆陆续续完成了自己的作品。老师请孩子们做了分享，逐一点评。每件作品真的都是独具匠心，创意无限。校长提议让我们每个家庭和自己的作品合影。后期社区学校还要请专业的老师为作品上釉，烧制成瓷砖。

回家路上，我问女儿："你觉得，哪家的作品是最好的？"她说："每个都是最好的，都是独一无二的。"还说，等瓷砖烧好了，展示出来了，要第一时间拍照留念。我不禁感慨，童年是多么的美好和纯真，家庭、社区、社会都在尽力守护，这是孩子体验到的幸福，也是家长体悟到的幸福。我和女儿约定，每年都去拍张照片，让镜头定格"雕刻"的时光和美好的成长。

案例分析

以上案例是一位家长参加完社区活动的文字记录，从家长的角度对社区教育活动进行评价，并阐述对孩子和亲子关系的认识。随着社区教育在上海的普及，有越来越多的家长愿意带孩子参与社区活动。

参与社区活动，可以更全面地了解孩子。

有些孩子在家里和学校的表现会有不同，很多家长无法全面地去观察和了解孩子。在社区活动中，孩子和其他孩子在一起，会自然表现出比较真实的自己。家长要善于观察，及时去发现孩子的各个不同面，有良好的表现及时表示肯定。案例中的妈妈认为自己的女儿是内向的、不善社交的孩子，然而在社区活动中，她发现了女儿的大气和友善，并对落落大方的女儿表示肯定，向她竖起大拇指。

参与社区活动，可以更深刻地检验教育。

我们从案例中看到一个有主见、有思路、自信满满的小学生形象，这是家庭和学校教育的综合反映。孩子在参与社区的各项活动中，会自然展现出自己的学习能力和知识迁移能力、待人处世的思路和风格、对待得失的态度和利益的判断等，这些都是学习成绩无法反映的，但是却是在成长过程中，家长需要及时发现、肯定或是纠正的部分。同时，家长也可以在这个过程中反思家庭教育，发现亲子陪伴和互动中的问题，及时改善。

参与社区活动，可以更近距离地融入社会。

社区比家庭和学校更具开放性。孩子参与社区活动，和不同年龄的小朋友、家长相处与互动，可以了解社会规则和社会秩序，增进人际交往，提高判断和决策能力。孩子走出家门，走进社区，走近社会，需要引导和过渡，也需要锻炼和历练。同时，社区活动还能更好地让孩子和家长熟悉自己生活的社区，乐于参与公众事务，增加社区归属感和社会融入感，培养公民的社会参与意识。

指导建议

对于积极参与社区活动的家长，我们也有一些建议。

首先，有选择地参与活动。

家长要根据家庭的实际情况，选择符合自己孩子年龄段、有利于孩子成长的活动。报名之前，家长可以征询孩子的参与意愿，调动孩子的兴趣。如果报名有要求，还需要提前做好必要的准备。有些家长不管什么活动，只要有报名就都秒杀，结果一方面孩子不一定有积极性，另一方面家长也不一定有时间参与亲子活动，让爷爷奶奶外公外婆陪，效果可能就会打折扣。社区活动都是由社区教育工作者们专业设计和精心组织的，希望家长珍惜资源，重视活动。同时，亲子类活动家长要注重陪伴，全程参与。活动过程中，家长和孩子分工合作，提前商量：是以孩子为主体，家长辅助，还是以家长为主体，请孩子帮助。家长要充分尊重孩子，培养家庭成员之间的信任感和责任心。

其次，家庭成员及时总结分享。

组织者可以在社区活动现场设置环节，有意识地启发家庭成员进行积极的反思。家长需要和孩子多聊一聊，根据孩子的年龄和认知，选择合适的方法，正面引导孩子说一说参与活动的收获。家长也可以谈一谈作为家长的所想、所得和所感，对孩子的新认识，甚至是家长可以做得更好的地方。多从孩子的角度去思考，像朋友一样去沟通，引导孩子客观评价，不要低估孩子的能量。正是在一次一次的平等对话中，家长和孩子之间的情感才会流动和增进。我们往往是在工作中会认识到及时总结反思的积极意义，其实在生活中、家庭里也是一样，我们需要更用心地去对待家人、协调关系，这样我们的情感基础才会保鲜持久。

小调研

绘制一张社区地图

社区地图是了解社区的一种方法。这个周末和爸爸妈妈逛一逛你们的社区，一起绘制一张专属于你们的社区地图吧！

_____社区地图

●张贴在逛社区过程中拍到的照片（或便签）。

●手绘地图（在空白处手绘一张社区地图）。

●运用五感体验记录你所看到的社区。

视觉：_____

听觉：_____

嗅觉：_____

味觉：_____

触觉：_____

●写下你对社区的感受。

_____

_____

_____

_____

_____

_____

_____

_____

_____

4

人文行走篇

值得一逛的社区公园

　　萌萌今年五岁了，每个周末她的爸爸妈妈都会带着她到公园里散步，跟其他小朋友玩耍，亲近大自然。带小朋友去公园是亲子交流的好机会。社区公园作为一个公共空间，离家近，还有一个优点就是能让孩子纵情地奔跑。

　　星期天的下午，萌萌的爸爸妈妈带着萌萌花了一个小时的时间在社区公园里玩，短短的一个小时他们玩了好多项目，一家人都很高兴。

　　首先是运动。公园里有各种各样的全民健身器材，萌萌每个都跑去尝试了一下，荡秋千是萌萌的最爱。其次是开展找宝藏游戏。萌萌的爸爸妈妈事先准备好两个小动物玩具、两个小球（一个红色、一个绿色），先由妈妈在指定范围内的草地里藏好，然后萌萌找，接着由萌萌来藏，爸爸找。然后是走迷宫。桂林公园里有好多老树，树根裸露在草地上，盘根错节，就好像一条条迷宫路线，妈妈站在树根延伸出去的最末端等待萌萌，萌萌以树干为起点，选择路线找妈妈，要走在树根上，滑下来会被"鳄鱼"吃掉，爸爸在一旁做裁判。接着是观察植物。公园里的自然资源很丰富。爸爸妈妈带着萌萌，一起看花、数花瓣；摘了几颗小松果，告诉萌萌这是小松鼠的食物；摘长的草梗编制小花篮，摘狗尾草互相挠痒痒；观察小虫子；认识荔枝树、榕树、玉兰花；对着造型独特的植物模仿动作形态等等。最后是捉迷藏。七点左右天边已经出现晚霞，萌萌还想玩，于是爸爸妈妈使出外出回家最常用的一招——捉迷藏，爸爸和萌萌一组，妈妈一组，轮流躲藏，轮到妈妈藏的时候，妈妈专门藏在出园路上的花丛、石头、大树后面，就这样大家一边捉迷藏一边笑着跑出了公园门口。

案例分析

孩子天性好玩，他们在玩中学，在玩中成长。带孩子去公园游玩，是家庭最常见的一种娱乐形式，简单易行。本案例中，父母通过带孩子到社区公园游玩，并利用公园的资源设计亲子互动游戏，加深孩子对社区的认识和情感，同时增进了亲子之间的关系。

第一，促进各项能力发展。

公园有各式各样的娱乐设施。在公园里，家长可以利用秋千、滑梯、攀登架、平衡木、沙池等设施促进孩子运动能力的发展；家长可以利用各种蕴藏在公园里的数学、语言、自然等知识促进孩子认知能力的发展；家长还可以利用生活化和休闲化的环境来增加孩子主动表达的机会，促进孩子语言能力的发展。

第二，促进儿童社会性发展。

本案例中，父母带着萌萌观察植物，认识生命的不同形态，增强了萌萌关爱生命的品质。家长通过带孩子到公园玩，培养孩子乐于与人、与动植物交往的心态，有利于孩子形成关爱生命的友好行为，提高社会交往的能力。

第三，满足情感发展需要。

本案例中，父母利用休息日带着萌萌到公园玩耍，是一种陪伴，也满足孩子情感发展的需要，能促进孩子积极情感的发展。同时，公园是丰富孩子美学知识、增加美感体验、发展审美能力的重要场所。

指导建议

　　社区公园是社区资源中一种重要的教育资源。家长利用社区公园中的各种资源开展亲子互动游戏，有助于促进孩子在体力、认知、情感、社会性、审美等各方面的发展。带孩子去公园玩耍，我们也有几点建议。

充分利用社区公园的教育资源。

　　很多家长虽然愿意带小朋友到社区公园活动，但利用社区公园对孩子进行教育的意识是有所欠缺的。家长如果细心观察，就会发现孩子在公园游戏活动中的成长和进步，会欣慰于他们由粗心大意到学会发现，由吵闹争抢到学会分享……孩子的教育不仅仅是在学校生活中，更是在与家长相处的日常点滴中。家长应通过各种渠道充分利用社区公园的场地、设施、人文环境等资源，关注他们对自然、游戏、同伴、体育运动等的需要，促进孩子的健康成长。

建立正确的户外安全观念。

　　家长可以帮助孩子转变对户外活动安全的认识，提高他们的安全意识，并在实践中培养他们的自我保护能力。家长应该与孩子一起讨论户外活动安全的重要性，告诉他们一些常见的危险和安全预防措施；引导孩子认识户外活动中的潜在风险，并明确告诉他们遵守安全规则的必要性，和孩子一起建立正确的安全观念。

　　家长在规划户外活动时，要选择适合孩子年龄和能力的活动项目，避免参与过于危险或超出孩子能力范围的活动，优先选择有专业指导人员的活动或场所，确保活动的安全性。家长可以通过对具体情境的讨论，引导孩子学会识别和评估潜在的危险，教会他们如何观察和分析周围环境中的安全隐患，并在发现危险时采取相应的措施，如避免接近危险区域或停止活动。

游戏活动中积极与孩子互动。

家长和孩子共同来到社区公园进行户外活动，家长的角色不仅仅局限于"陪同者"，更重要的是在孩子游戏活动中的参与者。家长和孩子一起游戏、奔跑，感受自然，双方都能体会无忧无虑的快乐。家长在参与过程中要更加理解孩子，和他们成为朋友，以平等的姿态对话、交流，不武断地终止游戏，用商量和规则代替呵斥和鲁莽。这样的参与，在很多时候不光是一种游戏和娱乐，更是一种积极的、健康的引导，甚至是一次影响深远的终身教育。同时，作为单独陪伴程度较低的父亲，更应该积极地参与进来，经常和孩子玩耍，感情的培养就会在一点一滴中慢慢地凝结。

家庭骑行记

案例描述

　　骑车出行这种健康自然的运动旅游方式，越来越受到人们的欢迎。来听听一位二宝妈的分享。该家庭中有两个男宝，一个12岁，一个9岁，在他们的家庭骑行活动中都发生了哪些好玩的事情呢？

　　自从弟弟也学会骑车之后，在晴好的周末或假期背上背包，全家一起骑上自行车游逛周边、亲近自然成为我家的保留家庭活动。

　　骑行之前，除了准备基本的饮用水等物品外，最主要的就是确定骑行路线了。在我们家，"去哪儿"通常由所有人讨论商定。抛出问题的一般是我："今天我们往哪个方向骑？滨江还是衡复风貌区那边？"哥哥的主意比较多："今天我想往复兴路那边骑，有点想念学校附近的梅干菜肉饼了。""我想往滨江方向骑，去看看南浦大桥。"其他人没有异议就顺利成行。但有的时候，弟弟会有自己的小坚持："我不想去兜小马路，我想去滨江，骑到渡口那里坐轮渡。"意见不统一的兄弟俩此时多半会发出诸如"凭什么要听你的"一类的争执。不过这些争执在妈妈一句"你们到底决定往哪儿骑？再定不下来今天的骑行可就泡汤了啊"中会转变为另外一种画风："要不这次听你的，骑去滨江坐轮渡，下次可得听我的。""没问题，下次听你的。"谁都说服不了谁时："我们猜拳来决定吧，三局两胜。""好，愿赌服输，不许耍赖！"还有的时候，哥俩也会积极寻找外援，转向爸爸妈妈进行游说，寻求同盟支持……过程有点曲折，但总会达成一致，哥俩也就在这种争吵、妥协与退让中找到属于他们的平衡和秩序。

虽然有时路线的确定会经历一番"斗争"，但目标一旦明确，骑行的过程大多数都是令人开心愉悦的，当然也会夹杂着大呼小叫、厉声呵斥的不和谐："仔仔，不要骑那么快，照顾大家的节奏，等一等弟弟好吗？我们是集体行动。""弟弟，不可以那么没礼貌，麻烦别人给你让路的时候要用'请'字，骑车过马路的时候左右都要看看好，注意安全。"随着骑行次数的增多，这些呵斥与叮嘱越来越少，更多的是感受和发现自由骑行中的乐趣。

在我家的骑行路线中，最受欢迎的一条路线是沿着滨江骑行，在由南市发电厂改建的当代艺术博物馆中驻足徜徉，近距离感受素有"一步跨过黄浦江"圆梦之桥美称的南浦大桥；还可以骑到外马路上的董家渡渡口，买张轮渡票过江到浦东滨江，逛逛那里的江边集市。在江风吹拂、汗水挥洒的自由骑行中，一家人锻炼了身体，亲近了自然，增进了感情。

快和家人一起探索那些让人骑着就感到幸福的路线吧！

案例分析

骑行这种方式简单易得又容易成行，将它作为家庭成员共同参与的一种活动，既有助于愉悦身心，又能够增进感情，应该说不失为一种比较好的家庭团建活动。在本案例中，有几点值得思考和借鉴。

第一，培养自主意识。

在确定骑行路线时，家长没有"自作主张"，而是将这个选择权和决定权交给了两个孩子，让他们决定往哪里骑，这是在一定范围内给他们自己做主的机会。鼓励孩子自己去做选择，也就是赋予他们操练"做主"的机会，让孩子在日常生活的操练当中逐渐理解"选择"的意义，从实践当中获取真知，从而学会自己做主。

第二，学会妥协与平衡。

多子女家庭当中，兄弟姐妹之间一定会有争执或冲突，家长如何化解会对他们之间的相处和感情产生影响。案例中的哥俩在面临"究竟该往哪里骑"这个问题时，各有自己的意见和坚持，产生了争执。这种时候，家长并没有直接介入冲突，或是替孩子做决定，而是先让他们自己来处理问题。从案例叙述中可以看出，孩子们会采取不同的方式来解决争端，有各让一步轮流妥协的，有猜拳定胜负甘拜下风的，还有寻求外援以多胜少的。兄弟两在这些不同的处理方式中学会了妥协与让步，学会了如何解决问题；父母的做法也没有让孩子感觉到偏袒，平衡了两个孩子之间的关系。

指导建议

教育的终极目标不是为了培养一个顺从的孩子，而是培养一名优秀的成人。在家庭教育中，父母要尊重孩子的自我决定权，培养他们的自主意识，同时，有意识地引导和促进孩子的社会性发展。

尊重孩子的自主权，提升孩子的自我价值感。

能力可以通过训练习得。家长可以随时随地在最简单的日常生活中教会孩子自主选择，比如在某些孩子力所能及的家庭事务上（案例中的路线确定）让孩子自己做主，家长只是作为辅助者。同样一件事情，家长帮孩子做、带着孩子去做，和孩子作为负责人家长协助孩子去完成，对孩子的锻炼是完全不一样的。尊重孩子的选择，让孩子做主之所以很好，是因为我们的生活归根结底就是由无数选择组成的，孩子从小学习选择，从小事开始学习选择，可以提升他们的自我价值感。因此，小事让孩子做主，家长只给意见，在大方向正确的前提下，引导他们扎实稳步地向前走。

学会放手，促进孩子的社会性发展。

在生活中，每个人或多或少都会与别人产生冲突，生活不可能一切都按照孩子的意愿进行，也不可能每个人都以孩子为中心。作为家长，我们需要做的不是直接介入或者代替孩子解决矛盾，而是教会孩子正确面对和处理冲突，并在解决冲突的过程中慢慢调整和完善自己，掌握社会技能，促进孩子社会性发展。

孩子们之间会有冲突，但大多数时候，这些冲突只是暂时的，明明上一秒还在争吵的孩子下一秒就和好如初，这是非常常见的现象。给孩子时间和机会，让他们自己解决问题，这是最合适的方式。通过这种方式，孩子可以积累自己解决问题的经验，从而避免步入社会之后与别人发生冲突。作为家长，应该要记住：当父母鼓励孩子自己去想办法解决他们遇到的问题时，孩子通常会对问题的处理结果更加认同和满意。

打卡"武康路"

　　小象是一名初一学生，参加社区活动的时候，领取到了一本《徐汇区"发现武康路"学生社区实践学习手账》，他觉得内容非常有趣，所以提议爸爸妈妈本周一起去打卡"武康路"。于是周末一家三口把家庭日内容安排为带着学习手账打卡"武康路"。

　　武康路长1183米，最早修筑于1907年，可以说是"一条武康路，半部上海近代史"。武康路作为中国历史文化名街，有数十处优秀近代建筑和保留历史建筑，是上海另一处万国建筑博览群。武康路上景点丰富，逐一打卡还是需要时间的，所以这个周末小象一家计划安排两个小时打卡"武康路"，以学习手账推荐的武康大楼、密丹公寓和巴金故居作为主要打卡点。小象和爸爸妈妈在出发之前都认真地阅读学习手账，分配任务。小象是武康大楼的小导游，妈妈是密丹公寓的小导游，爸爸认领了巴金故居的小导游任务。

　　星期天的太阳暖洋洋的，小象一家吃完午饭，稍作休整便出发来到了武康路。第一站到达武康大楼，小导游小象领着爸爸妈妈站在马路对面，问爸爸妈妈："你们看，你们看，这样看武康大楼像不像一艘大游轮呀？"爸爸看到武康大楼周边有好多人拿着专业摄影机在拍照，不解地问小象："武康大楼为什么这么'红'呀？"小象一脸这题我懂的自豪表情，开始把这两天学习到的武康大楼作为优秀历史建筑的前世今生向爸爸妈妈逐一介绍。爸爸妈妈频频点头，愈发觉得这栋大楼更加生动了。妈妈说："我也想给武康大楼拍一张美照，刚拍了几张都没拍出它的美诶！"小象看了看妈妈手机里的照片说："妈妈你拍得很不错啦，不过构图还可以再完美一丢丢。咱们可以把武康大楼放在镜头三分之一位置试试。"小象一家在这里拍了很多照片，还请游客帮忙拍摄了家庭日的合影。

接着，他们前往第二个站点——密丹公寓，这一站主要由妈妈介绍。妈妈邀请大家从不同的角度观察这栋公寓，问小象："你觉得它像不像一种动物呀？"小象说："它的山墙呈曲线形，加上其多变的卷涡，看起来与大象颇为相似。我想要给它起名叫大象屋！"爸爸妈妈都笑了说："对，像大象，它是大象，你是小象。"妈妈借着大象屋的名字，向大家介绍了世界大象日的由来，大家都表示要用实际行动好好保护动物，保护我们的环境。小象立马说："爸爸妈妈！我决定了我再也不看有动物表演的项目了！没有买卖就没有伤害！"大家围着大象屋看了好一会，说着彼此的大象保护计划。妈妈还和大家介绍："世界上还有很多仿生建筑，建筑师们从自然界中观察吸收一切有用的因素作为创作灵感，同时学习生物科学的机理，结合现代建筑技术来为建筑创新服务。"小象觉得非常神奇，表示未来也想做个酷酷的建筑师。

他们一边畅谈建筑师的梦想，一边走到了巴金故居。爱好文学的爸爸非常激动地说："巴金故居是巴金先生在上海的住宅，也是千万读者心目中的文学圣地！"爸爸开始介绍巴金先生的生平……

一个下午，小象一家轮流做着小导游，把从学习手账中获得的学习内容结合武康路的历史建筑做了延伸。他们还找了个咖啡馆，一边休息一边完成学习手账上的挑战内容。小象兴奋地说："本周的周记内容有啦！"

这一趟行走大家都觉得收获满满，一家人也留下了美好的回忆，并计划下次再去其他点位打卡！

案例分析

本案例中，小象一家结合学习手账内容设计家庭日活动，打卡城市街区。一家人在武康路上走访了武康大楼、密丹公寓、巴金故居，了解了三个站点的故事，讨论了由站点知识内容引发的趣味话题，对整个街区的认识进一步加深。在打卡游学的过程中，亲子互动温馨动人，是一场值得学习和推广的家庭"人文行走"。

一是共同参与。

该案例中小象一家不是走马观花地打卡"武康路"，而是把打卡"武康路"看作游学活动，一起准备。前期设计游学站点，了解学习资料；游学中分工合作，每个人负责一个站点的小导游任务；游学后互相总结分享。游学打卡或是人文行走都不应该是"泛泛而游"，家长不能沉浸在吃喝玩乐、拍照、发朋友圈中，更不能各玩各的，而应该多陪伴孩子，一起认识、欣赏、感受这个美妙奇特的世界，一起交流认知，分享喜悦，增进亲子情谊，让游学成为孩子最美好、最温馨的回忆。

二是激发兴趣。

家庭"人文行走"活动是一种教育活动，不是单纯的旅游打卡，旨在带领孩子学习城市文化、继承城市基因、提升综合素质。家长带领孩子参观学习点时，要对孩子进行积极的引导，激起孩子的学习兴趣，促使孩子主动思考，形成自己的知识体系和思维方式。每个目的地都拥有丰富的知识点，可以吸引家庭多次游览学习，在行走中学习，激发孩子的学习兴趣，促进孩子自主学习，达到"行走中学、学中行走"，实现寓教于游。在案例中，带领孩子参观巴金故居，了解巴金先生的生平、作品，学习中国历史，了解中华文化，无形中帮助孩子树立正确的三观，坚定理想信念。在参观密丹公寓时，和孩子延伸探讨仿生建筑，不经意间孩子被激起求知欲，激起对建筑师职业的好奇和向往，使其主动构建自己的知识体系。

指导建议

读万卷书，行万里路。读书与实践是孩子成长成才的重要路径，孩子能从中学到很多知识以及为人处世的方式，并加深对城市的认识，增强城市的归属感。

善用学习资源，积极开拓亲子互动空间。

行万里路，并非一定要去远方，游学可以从身边的公园、历史文化资源入手。上海作为一座充满历史文化魅力的城市，有许多的街区、非常多的故事和内容可以丰富亲子互动的时间和空间。在亲子互动活动安排上，家庭可以选择从身边的社区资源入手，将周边的环境纳入游学的站点，借助社区的学习资料、网络的学习站点内容做好游学准备，设计游学内容。

在开展亲子户外活动之前，家长要和孩子共同学习游学打卡站点的学习资料，激发孩子的学习兴趣，同时准备好贴合现实的故事与学习指导；在游学过程中设置学习挑战，能够让孩子动手动脑、收获知识，能够让家长参与孩子的学习与成长过程；游学后的学习延伸，能够让孩子积极思考、不断成长，能够让家长有的放矢地提供榜样性的专业引导，从而让亲子在学习行走中良好互动、共同学习，在家庭教育中各有所获。

走进身边街区，增强孩子对城市文化的认识。

上海是中国共产党诞生的地方，不仅拥有悠久的历史，同时也是我国的经济中心，是一个国际化的大都市，不断地受外来文化的影响，具有丰富的文化资源。如何和孩子讲述城市故事，让孩子继承城市基因、弘扬城市文化精神，设计策划家庭的"人文行走"是很好的方式。该活动既可以激发孩子的学习兴趣，主动了解上海的一草一木，增强文化认同感和社会归属感，又能够利用地域特色让孩子和家长体验人文历史、感受城市温度、传承上海文化，增强对地方文化的自豪感，做地方文化的传播者和弘扬者。

博物馆的力量

博物馆不仅是珍藏人类文明精华的场所，也是绝佳的终身学习场所。作为重要的公共文化机构，博物馆承载着满足人民群众对于美好生活向往的使命，吸引着越来越多的人走进博物馆，欣赏文物之美，感受文化自信的力量。因此，带孩子去博物馆，有助于他们真正地"触摸"和"感受"历史，开阔孩子的历史人文视野，相信所有想要带孩子去逛博物馆的家长们都有同样的初心。

仔仔妈是一个爱带孩子逛博物馆的家长。在仔仔七八岁、弟弟四五岁方便带出门后，有段时间一到周末，就盘算着带哥俩去参观博物馆。家中没有老人相帮，保姆周末休息，出门一般都是轻装简从、携大带小。仔仔妈陆陆续续带孩子参观过自然博物馆、消防博物馆、火车博物馆、地铁博物馆、儿童博物馆等十几个场馆。

进"馆"总是有益的，但有时家长想要详细了解展品孩子却只是"一闪而过"或"走马观花"，感觉"没啥可逛的"；有时遇到孩子貌似愿意驻足欣赏的展品或展览，当家长提出进一步交流和学习时孩子却又表现出反感与排斥……如此种种常让人有一种无力感，那么多、那么好的博物馆资源，要怎么充分利用才好呢？

案例分析

案例中，仔仔 8 岁，弟弟 5 岁，仔仔妈带哥俩频繁参观博物馆。博物馆是一个见证历史长河的地方，里面的每一件藏品、每一个标本都凝结着历史的智慧。参观博物馆可以让孩子感受到博物馆里典藏的历史和文化，如果家长能加以恰当的引导，将有助于激发孩子的求知欲和探索欲。

首先，弄"懂"孩子的参观需求。

案例中的孩子和家长之所以有"走马观花""没啥可逛的"的感觉，究其原因在于没有弄懂孩子的参观需求。不是所有孩子在所有年龄段都喜欢博物馆的，家长的观赏点并不代表孩子会喜欢，所以家长既要在平时的陪伴过程中多注意观察孩子的兴趣点，又要注重与孩子进行沟通，了解孩子的参观需求。

其次，以孩子的兴趣为主导。

孩子爱上博物馆源于那些他真正感兴趣的东西，家长要做的是帮助孩子学会利用博物馆来学习他感兴趣的东西。博物馆是一个自主学习的场所，一定要以兴趣为主导，兴趣是学习的开始。在出发之前，家长最好在这家博物馆的网站上仔细浏览最近的活动、展品、主题。接着可以结合最近跟孩子看过的书或提出过的问题，找一些兴趣交汇点。如果孩子能在参观的过程当中感到有趣，能够积极参与或体验，这也是博物馆之行的一种收获。多从孩子的个人爱好出发，以孩子的兴趣为主导，有助于增强他们参观博物馆的动力。

指导建议

博物馆的英文是 museum，这个词的词源是 muse，也就是缪斯女神，是古希腊神话中掌管音乐、诗歌、舞蹈、戏剧以及天文学的文艺与科学女神。出于对缪斯女神的敬仰，古希腊的艺匠们常把自己精心雕琢的艺术品献给 museum，慢慢地，博物馆就成了收集、珍藏和研究这些藏品的地方。带孩子参观博物馆早已成为许多父母教育孩子的新选择，去参观那些具有历史底蕴或是有科技含量的地方，不仅可以帮助孩子打开视野，拓宽思维，还能增进家长与孩子之间的亲子关系。

前期准备做好功课。

博物馆不是每个都值得逛，要对孩子的年龄、认知和理解能力三个方面进行综合考虑，选择相应的博物馆类型。如果孩子对所参观的事物没有任何了解，那很大程度上，孩子也不会很感兴趣，更谈不上去思考、去探索了。此外，尽量选择参与性和互动性强的博物馆入手，让孩子有上手的感受，提高参与感。在参观博物馆之前，可以提前做一些功课，适当对博物馆的展览活动做一些信息整理或设计一份研学任务单等，带着问题去参观，会更有动力，也更能激发兴趣，提高求知欲。

参观过程人在心在。

带孩子去博物馆是家长与孩子共同学习的过程，不能只是"带"着去。在参观过程中，家长不要以为带孩子去博物馆就是为了让他学习，跟自己没什么关系。如果家长只是充当了司机、保安或保姆的角色，如果博物馆对家长没有任何吸引力，那孩子怎么能够感受到博物馆的魅力呢？人在心在，才能载"获"而归。在参观过程中，家长要倾听讲解员的解释，多与孩子进行开放式的交流。当家长对某个博物馆中的东西知道很多，也想知道更多时，言传身教的参观习惯会对孩子有潜移默化的影响，家长不断通过提问和探究来学习的过程也会对孩子产生影响。

把博物馆学习带回家。

博物馆的学习是可持续性的，可以尝试通过不同的载体，拓展博物馆参观学习的边界。不论是"出圈"的博物馆文创，还是兼顾学术与趣味的博物馆纪录片和图书等，这些都有助于孩子展开某一门类或内容的深度学习。此外，任何地方都可以是博物馆，家中、小区、公园……只要跟随孩子的兴趣，学习随时随地都可以发生。家长需要做的是，从孩子的视角重新观察这个世界，不要用自己已有的认知限定孩子对世界的认识。如果家长在博物馆中发现了孩子感兴趣的东西，同样可以带着孩子在生活中寻找。比如孩子对昆虫感兴趣，就带他去观察虫子；对汽车感兴趣，就带他去研究汽车，从一个兴趣点延伸出的学习机会是无限的。博物馆不是简单用来逛的，到博物馆参观也是亲子共同成长、共同学习的过程。作为家长，我们要做的是帮助孩子去理解和探索，如此，才能在博物馆中收获高质量的亲子时光。

手持"护照"，探寻红色文化之旅

案例描述

上海，具有深厚的革命历史传统，红色基因渗透在繁华都市的血脉深处。在中国共产党成立100周年之际，社区学校组织社区亲子家庭开展了一场红色文化探寻之旅，在了解建党百年的奋斗历程中厚植家国情怀，在街区行走中感知上海和社区建设的新变化。

2021年，小陈同学一家参加了社区学校组织的社区亲子家庭人文行走活动。从领到特制"护照"的那一刻起，这个三口之家的周末除了上兴趣班，就是去各个打卡点。小陈爸爸说印象比较深的是去凌云街道的"初心老站"打卡点。虽然是3月底，但天气已经逐渐炎热，小陈同学上完游泳课已到了11点，一家三口连午饭都没有吃，就匆忙跑去寻找"初心老站"。到达"初心老站"的时候，一家人又累又饿还很热，但亲眼看到有这样一处历史遗迹保留在社区里，内心非常激动。小陈同学更是绕着小火车摸了又摸，看了又看，很好奇地问了许多问题。非常贴心的是，"初心老站"有着关于前世今生、宜居宜业等的详细介绍。三人在"初心老站"停留了半个多小时，才心满意足地回家。小陈爸爸对"护照"中的每一个打卡点都认真对待，平常也会经常带孩子去博物馆和各大公园，在家也会看阅兵仪式，但还没有集中进行爱国主义教育。他们表示很幸运参加了这一次社区学校组织的"护照"打卡活动，每一处打卡点都有着非同寻常的历史内涵和爱国教育意义。从这一系列的打卡活动中，小陈同学了解到革命先烈们的伟大事迹，也见识到了我们国家现在的繁荣昌盛，体会到城市发展的日新月异和社区生活的和谐美好。

案例分析

本案例中，小陈同学一家参与社区的人文行走活动，申领了特制的行走护照，开启了红色文化探寻之旅，通过参观不同红色文化打卡点，家庭成员深入了解了革命先烈的伟大事迹以及国家的繁荣昌盛。这种活动形式与弘扬家国情怀、促进家庭教育紧密相关。

一是父母榜样的重要性。

小陈爸爸对红色文化探寻之旅非常重视，他认真对待每个打卡点，通过参观博物馆、公园等红色文化打卡点，给家庭营造了爱国主义氛围。父母作为孩子的第一任教师，要积极引导和激发孩子对国家和社区历史文化的兴趣。

二是培养孩子的责任感和团队意识。

小陈和父母共同参加社区学校组织的红色文化探寻之旅，形成了亲子家庭团队。他们一起制定游览计划、完成打卡任务。这种集体行动增强了孩子对责任感和团队合作的认识和意识。家庭作为孩子最重要的教育环境之一，应该积极引导孩子参与具有教育意义的活动，营造家庭教育氛围，促进孩子全面发展。

指导建议

"红色人文行走"通过行走、探访、挖掘红色资源等动态教学范式，近距离、全视角接触到丰富多彩的红色革命历史材料，行走过程中集观察、记录、发问、感悟于一体，在行走中学会观察、学会体验、学会思考，使学生持续增强政治认同、理论认同和情感认同，让信仰之火熊熊不熄，让红色基因融入血脉，让红色精神激发力量，真正体现出思政实践教学活动有温度、有灵魂、有情感，具有潜移默化、润物无声的育人功效。

价值引领，确保行前有规划。

红色人文行走的主要目的是让孩子感受红色文化所蕴含着的丰富的革命精神和厚重的历史文化内涵。在行前，家长和孩子可以共同搜集与"红色人文行走"相关的历史人文、英烈事迹等背景资料；在设计"爱国情怀、忠诚为民"等系列"红色人文行走"主题基础上，明确分工合作、路线交通等行走计划，确保行前有规划。

知行合一，确保行中有成效。

通过行走、交流，认识历史和社会，行中有学，走中有思。把"红色人文行走"转化成在路上的"活"课堂是红色人文行走所追求的目标。以家庭为单位展开红色人文行走，家长和孩子既是红色人文行走目标实现的对象，也是红色人文行走展开的主体。家长可以利用双休日、节假日等课余休息时间，选择家附近的红色资源与孩子开展就近行走。在行走中家长可以借助手账资料、线下讲解，为孩子提供指导，让孩子带着知识行走。

凝练思考，确保行后有收获。

行程万里，不忘初心。红色人文行走结束后，家长可以指导孩子将红色人文行走中的所见所闻、所思所想、所感所悟进行回顾与总结，并借助学习手账和"沪"照等载体，和孩子共同完成一份家庭红色人文行走小报告，确保行后有收获。

小导游

设计一条家庭行走路线

平常都是爸爸妈妈设计安排出行路线，这一次我们邀请小朋友为家庭设计一条行走路线，做一次小导游，带领爸爸妈妈来一场"小旅游"。

家庭行走路线可以选择家庭周边街区，路线包括学习站点、行走内容。通俗来说就是去哪里、怎么去、玩什么。

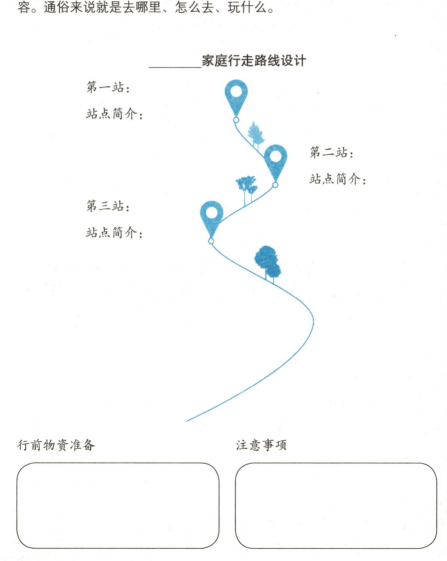

_____家庭行走路线设计

第一站：

站点简介：

第二站：

站点简介：

第三站：

站点简介：

行前物资准备

注意事项

后记

在这本《家庭教育指导手册（社区亲子活动篇）》问世之际，我们想向所有参与创作和支持本书的人表示衷心的感谢。本书由徐汇区社区学院韩雯、吴如如、李菲、卢巍组建专业团队，共同策划和编撰，经过数月的努力和反复修改而成。

本书旨在为广大家长朋友与社区教育工作者提供一份有关家庭教育活动的宝贵资料。本书收集了家庭亲子生活不同场景的案例和应对策略，并以易于理解的方式呈现。对于家庭来说，这本手册提供了一些切实可行的建议和指导，能够帮助家长更好地了解如何进行有效的家庭教育。此外，这些活动也可以让孩子们接触到不同的人和文化，拓宽他们的视野，培养他们对社区和社会的责任感。对于社区教育工作者来说，这本手册提供了开展社区亲子活动的指导和方法，能够帮助他们更好地组织和推动社区内的亲子活动。

我们衷心希望，通过阅读和学习本手册，家长能够深入了解家庭教育的必要性，掌握实用的教育方法和亲子活动的建议，从而更温馨地建设家庭，促进家庭教育的有效实施。社区教育工作者能够进一步理解家庭教育的重要性，掌握有效地组织家庭教育活动的方法，从而更有效地服务社区，促进社区凝聚力和儿童全面发展。

最后，请允许我们再次感谢所有为本书付出辛勤努力的人员，特别感谢徐汇区凌云街道社区学校提供的案例支持。我们也非常感谢每一位读者对本书的支持，希望您能够从中受益良多。祝愿您和您的家庭幸福、健康、快乐！

2023 年 5 月

图书在版编目（CIP）数据

家庭教育指导手册. 社区亲子活动篇 / 袁雯主编；
韩雯副主编. — 上海：上海教育出版社，2023.11
ISBN 978-7-5720-2335-4

Ⅰ.①家… Ⅱ.①袁… ②韩… Ⅲ.①家庭教育 –
手册 Ⅳ.①G78-62

中国国家版本馆CIP数据核字(2023)第232032号

责任编辑　蒋文妍
美术编辑　周　吉

家庭教育指导手册　社区亲子活动篇
袁　雯　主编
韩　雯　副主编

出版发行　上海教育出版社有限公司
官　　网　www.seph.com.cn
地　　址　上海市闵行区号景路159弄C座
邮　　编　201101
印　　刷　启东市人民印刷有限公司
开　　本　700×1000　1/16　印张6.75
字　　数　95千字
版　　次　2023年11月第1版
印　　次　2023年11月第1次印刷
书　　号　ISBN 978-7-5720-2335-4/G·2067
定　　价　38.00 元

如发现质量问题，读者可向本社调换　电话：021-64373213